우리는
은퇴 걱정 없이
부자로 산다

연소득 10억을 일궈낸 꿈의 농부들

우리는 은퇴 걱정 없이 부자로 산다

2012년 10월 26일 초판 1쇄 발행
지은이 · 문근식 외 14인의 농부들

펴낸이 · 박시형
책임편집 · 김형필 | 디자인 · 김애숙

경영총괄 · 이준혁
마케팅 · 권금숙, 장건태, 김석원, 김명래, 탁수정
경영지원 · 김상현, 이연정, 이윤하
펴낸곳 · (주)쌤앤파커스 | 출판신고 · 2006년 9월 25일 제406-2012-000063호
주소 · 경기도 파주시 회동길 174 파주출판도시
전화 · 031-960-4800 | 팩스 · 031-960-4806 | 이메일 · info@smpk.kr

ⓒ 문근식 외 14인 (저작권자와 맺은 특약에 따라 검인을 생략합니다)
ISBN 978-89-6570-096-8 (03320)

이 책은 저작권법에 따라 보호받는 저작물이므로 무단전재와 무단복제를 금지하며, 이 책 내용의 전부 또는 일부를 이용하려면 반드시 저작권자와 (주)쌤앤파커스의 서면동의를 받아야 합니다.

• 잘못된 책은 바꿔드립니다.   • 책값은 뒤표지에 있습니다.

> 쌤앤파커스(Sam&Parkers)는 독자 여러분의 책에 관한 아이디어와 원고 투고를 설레는 마음으로 기다리고 있습니다. 책으로 엮기를 원하는 아이디어가 있으신 분은 이메일 book@smpk.kr로 간단한 개요와 취지, 연락처 등을 보내주세요. 머뭇거리지 말고 문을 두드리세요. 길이 열립니다.

연소득 10억을 일궈낸
꿈의 농부들

우리는
은퇴 걱정 없이
부자로 산다

|문근식 외 14인의 농부들 지음|

농업은 가격이 아닌, '가치'를 구현하는 일입니다.
생산에서 유통과 판매에 이르기까지 체계적인 하나의 흐름을 갖추는 것.
바로 시스템을 갖춘 농업 속에 답이 있습니다.
농업이 일관적인 체계를 갖추기 위해서는
먼저 각각의 역할을 담당하는 농가들을 묶어낼 구심점이 필요합니다.
또한 어디에, 어떻게, 무엇을, 얼마나
재배할 것인지에 대한 '계획농업'이 선행되어야 하며,
지역의 계절적 특성을 활용하는 판매 전략의 수립도 필수적입니다.
계획과 생산, 재배와 가공, 유통과 판매가 서로 딱딱 맞아 들어가는
톱니바퀴처럼 잘 맞물려서 진행되는 것. 이것이 실현될 때,
자연스럽게 농업의 전반적인 성장과 발전이 이뤄질 수 있습니다.

추천의 글
15인의 열정이 만들어낸 희망 보고서

서규용(농림수산식품부 장관)

  농사가 힘들고 가난하기만 하다는 말은 이제 옛말이 되었습니다. 똑똑한 사람은 도시로 나가고 그렇지 못한 사람들이 시골을 지킨다는 말도 철지난 이야기입니다. 도시의 수많은 이들이 행복과 또 다른 가치를 위해 농촌을 찾고 성공을 거두는 모습을 어렵지 않게 목격할 수 있으며 농촌에 고부가가치를 창출하는 부농의 꿈이 현실화되고 있는 것은 분명한 사실입니다.
  최근 우리 농촌은 도시 사람들이 막연하게 생각하는 모습과 사뭇 다르게 변화하고 있습니다. 일례로 글로벌 기업의 전유물처럼 여겨졌던 가치 창출, 경영 혁신, 유통 다변화 등을 바탕으로 성공한 농업 경영인들의 움직임이 눈에 띄게 증가하고 있습니다. 인터넷과 스마트 환경이 발달함에 따라 지식·정보 기반의 농업 기술과 경영 모델을 적용하여 크게 성공한 젊은 농업 경영인의 모습도 흔히 볼 수 있습니다. 과거 농업이 1차 산업에 머물렀다면, 이제는 바야흐로 제조와 유통, 서비스, 관광의 개념까지 접목된 6차 산업으로의 이행이 두드러지고 있는 것입니다. 결국, 현대 농업의 흐름도 스티브 잡스의 경영 혁신이나 워렌 버핏과 같은 투자자들이 말하는 투자 이론들과 동떨어져 있지 않음을 알 수 있습니다.

  이러한 일련의 흐름에 발맞춰 농림수산식품부도 정책적 지원을 아끼지 않고 있습니다. 경영화·기술화를 더욱 성공적으로 널리 정착시키는 한편, 신규 영농인력 확보를 위해 지난 1981년부터 후계농업경영인 육성사업을 추진하고 있습니다. 이를 통해 그간 약 13만 4,000여 명의 후계농업경영인이 선정되었고, 그중 약 11만여 명은 현재까지도 농촌에 활력을 불어넣는 핵심 주체가 되고 있습니다.

  이 책에는 현대 농업 경영의 모범이 되는 우수 후계농업경영인 15인의 구체적이면서 생생한 성공과 혁신의 이야기가 담겨 있습니다. 각 페이지마다 굳은 신념과 혁신 의지로 묵묵히 농부의 길을 걸어온 15명의 후계농업경영인들의 '열정이 만들어낸 희망'이 강렬하게 소개되어 있는 것입니다. 분명 이 강렬한 희망의 빛은 많은 예비 후계농업경영인들 즉, 잠재적인 농업인들에게 농업 경영이 그리 멀지 않고 농업이 사회·문화적 가치를 포함하는 매력적인 생명 산업임을 깨닫게 해줄 것입니다.

　아마도 이 책의 첫 페이지를 넘기는 당신은 농업인 또는 도시민, 학생, 직장인 등 우리 사회 다양한 분야의 한 구성원일 것입니다. 어느 분이 되시던지 저는 이 책을 접하는 모든 분들이 스스로 이 책에서 펼쳐지는 이야기의 주인공이 될 수 있다는 열린 마음을 가지시길 부탁드립니다. 이 책을 통해, 앞으로 보다 높은 차원의 전문성과 기술력을 갖춘 대한민국 농업의 경쟁력을 여러분의 손으로 직접 만들어보시기 바랍니다.

　아무쪼록 무르익어가는 가을 길목에서 이 책에 담긴 후계농업경영인 15인의 이야기가 이 책을 읽는 모든 분들에게 희망과 용기를 심어줄 것으로 기대합니다.

서규용

차례

추천의글 15인의 열정이 만들어낸 희망 보고서 · 6
프롤로그 농부, 또 다른 우리의 이야기를 시작한다 · 12

Section1. 부농 프로젝트 - 아이디어 혁신
아이디어 하나로 중소기업을 뛰어넘다

서울 대원주말농장 김대원 대표
Be Cityfarmer! 도시를 경작하며 누리는 새로운 삶의 기쁨 · 21

평택 미듬영농조합법인 전대경 대표
쌀, 풍부한 아이디어와 상상력으로 새롭게 거듭나다 · 36

제주 e-제주영농조합 문근식 대표
무한한 가능성의 실현, 농업의 새 패러다임을 쓰다 · 52

보성 녹차배농원 조효익 대표
농사꾼?! 이제는 농업전문경영인의 시대! · 69

양구 야채달콤농장 이동욱 대표
한 젊은 농부 가족의 달콤한 채소밭 혁명 · 82

Section2. 부농 프로젝트- 농업 콘텐츠 혁신
지역에서 세계적인 농업 콘텐츠를 찾다

대구 한울농장 곽해묵 대표
사람은 모으고 농산물은 나눠 팔아라! · 99

삼척 너와마을 영농조합법인 김덕태 대표
진심으로 빚어낸 머루와인, 끌로 너와 Clo Neowa 이야기 · 113

충주 중원난농원 박종대 대표
난초의 매력에 빠지다, 난초와 함께 평생을 보내다 · 126

대전 석청농장 백석환 대표
소값 파동, 우리에게는 남의 일이다 · 139

대전 산들원 임두재 대표
버섯 없이는 단 하루도 살지 못하는 농부 · 155

Section 3. 부농 프로젝트- 품질 혁신
열풍에 휘둘리지 않고 품질로 승부하다

시흥 월곶영농 정찬주 대표
쌀 한 톨에 담은 마음, 큰 나무 같은 농부 · 171

창녕 우포 파프리카농장 윤정수 대표
맛있는 인생, 농부로 살아가기 · 184

영암 황토축산 이행도 대표
한 젊은 농부가 꿈꾸는 한우 명가의 꿈 · 196

춘천 두메산골 한방더덕 김경호 대표
더덕을 닮아서 흔들리지 않는 농부 · 207

포천 봉화산농장 임두빈 대표
소와 나무를 벗 삼아 오래도록 기다리는 삶 · 219

부록
1. 후계농업경영인 지원 안내 · 236
2. 후계농업경영인 Q&A · 241
3. 꼭 챙겨야 할 농업 경영·정책 정보 · 260

프롤로그
농부,
또 다른 우리의 이야기를
시작한다

'진정한 치유는 자기 자신이 되는 것이다.' 스위스의 정신분석가 구스타프 칼 융의 말이다. 이 책에서 만난 15명의 농부들은 '농업'에 종사하는 것 외에 또 한 가지 공통점을 가지고 있었다. 바로 '자기 자신'이 원하는 삶을 사는 것, 그것이었다.

이 넓은 세상에 비슷하게 닮은 사람은 있을망정 완전히 똑같이 생긴 사람은 없다. 그런데 사람들은 마치 성공에 어떤 절대적인 법칙이라도 있는 것처럼 성공을 위해서라면 천편일률적으로 성공한 사람의 삶을 열심히 흉내 내기에 바쁘다.

미리 말하지만, 이 책에 나오는 농부들의 삶을 애써 흉내 내지 말기를 당부 드린다. 이들은 모두 누군가의 삶을 흉내 내는 대신에 자신에게 주어진 삶을 지금껏 묵묵히 오로지 자기 자신으로서 살아왔을 따름이기 때문이다.

　우리가 살고 있는 이 대한민국에는 서울뿐만 아니라 강원도, 경기도, 충청도, 경상도, 전라도, 제주도의 서로 다른 지역들이 있다. 얼핏 보면 엇비슷해 보여도, 하나씩 뜯어보면 제각각 얼마나 다른지 가끔 놀랍게 느껴진다. 바로 눈앞에 산을 마주하고 살아가는 곳이 있고 아예 산과 산으로 둘러싸여 살아가는 곳도 있다. 그런가 하면 앞으로는 바다를 마주하고 뒤로는 산에 안기듯 둘러싸인 곳도 있다. 아예 산은 없고 온통 푸르른 들판과 지평선으로 시선(視線)을 가득 채우는 곳도 있다. 구불구불 강이 흐르는 건 어디나 비슷해 보이지만 강물을 따라 늘어선 풍경 중에서 어디 한 군데도 똑같은 곳은 없다.

　산다는 것도 비슷한 것 같다. 도대체 똑같은 삶이란 없어 보인다. 농부들은 이것을 일찌감치 몸으로 배운다. 농부들은 처음에 일정하게 땅을 갈고, 똑같은 방법으로, 똑같은 씨앗을 뿌린다. 그것도 각종 농기계와 과학적인 방법을 이용해서 정밀하게 계산한 다음에 그렇게 한다. 그런데 하나 둘, 싹이 나고 자라는 모양새부터가 이미 다들 제각각이다.

　논에 심은 벼를 유심히 본 적 있는가? 그저 똑같이 뻗어나온 초록색의 벼였는가? 그렇지 않을 것이다. 벼 한 자락도 똑같은 벼는 없다. 색깔도 뻗어 나온 모양도 모두 다르다. 그저 사람들이 똑같다고 쉽게 치부하고 마는 것일 뿐. 똑같이 생긴 소를 보았는가? 얼핏 보면 소들은 정말 똑같이 생긴 것 같다. 크기만 조금씩 다를까, 소의 생김새는 도무지 구분하기 어렵다. 아니, 불가능할 것 같다. 그런데도 날마다 소를 돌보는 농부는 한 마리씩 소의 이름을 불러가며 정성껏 보살핀다. 활달한 소, 소심한 소, 건강한 소, 허약한 소, 농부에게는 한 마리 한 마리가 제각각 특별하고 소중하다. 농부들은 이렇게 농사일을 통해서 삶의 귀중한 지혜를 배운다. 속담을 보면 잘 알 수 있다. '콩 심은 데 콩 나고 팥 심은 데 팥 난다', '가을 곡식은 재촉하지 않는다', '호미로 막을 일 가래로도 못 막는다', '한 어깨에 두 지게 질까' 등등. 농사일을 빗대어 말하고 있지만, 대부분 삶의 교훈을 담고 있는 것들이다.

  농부들은 거창하지 않아도 땀 흘리는 가운데 인생의 소중한 이치들을 자연스럽게 몸에 익힌다. 어쩌면 농부란 그렇게 농사일을 하는 가운데 사람들이 흔히 놓치는 작고 미세한 차이, 땅에서만 배울 수 있는 소박한 교훈을 배우며 사는 사람들인지도 모른다. 그래서일까, 평생 동안 농사일만 해온 농부라 해도 그들은 지혜롭다. 그는 세상을 두루 다니지 않아도 세상살이의 이치를 안다. 그저 순박하고, 약삭빠르지는 않지만, 무엇이 순리인지를 농부는 이미 배워서 안다.

  언제부터였을까, 한두 세대 전만 해도 대부분의 우리 아버지, 어머니들은 '농부'였다. 하지만 지금은 국민의 91퍼센트가 도시에 거주한다. 도시화를 탓하는 것이 아니다. 다만 도시화의 와중에서 농부의 마음마저 잊어버린 것은 아닌가 싶어 아쉽다. 그러던 차에 다시금 귀농을 이야기하고, 농사를 이야기하니 반갑기 그지없다. 귀농, 귀촌 열풍도 더욱 뜨겁다. 농사 관련 정보도 더 많아지고 또 체계적이다. 여기저기 농사짓는 사람들을 만나기도 보다 쉬워졌다. 그럼에도 사람들은 여전히 '농사'를 잘 모른다. 농사에조차 흔한 말로 '스펙'을 요구하고, 면적과 생산량, 소득과 수익으로 이리저리 성공과 실패를 재기에만 급급하다. 그것이 다 나쁜 건 아니지만, 분명한 것은 수익이 '농사의 전부'는 아니라는 것이다. 오히려 농사도 사람이 살아가는 방식이라는 것, 그 안에도 삶의 기쁨과 슬픔, 좌절과 도전, 실패와 극복이 고스란히 담겨 있다는 것을, 사람들은 너무 쉽게 지나쳐버린다.

 실상 우리에게는 농촌과 도시 모두 다 필요하다. 또한 농촌은 도시를, 도시는 농촌을 필요로 한다. 어느 쪽이 더 낫고 못한 것이 아니다. 도시와 농촌이 서로를 위해 살아갈 때라야, 아니 도시는 농촌을 품고, 농촌은 도시를 품으며 살아갈 때라야 비로소 온전해질 수 있다는 것을, 현재를 살아가는 우리는 지금 배우는 중이다.

 이 책은 그 배움의 한 부분이다. 여전히, 또 새롭게 농사를 지으며 살아가는 열다섯 명 농부들의 이야기가 담겨 있다. 여전하다는 것은 예전부터 이어왔다는 의미다. 하지만 그렇다고 해서 과거와 같다는 뜻은 아니다. 그 때문에 새롭다. 21세기 대한민국에서 농업 역시도 변화하고 있고, 또 진화하고 있다.

 모두 도시로, 온통 도시에만 집중하며 살아왔지만, 농업은 험난한 도시화의 물결 속에서 여전히 살아 있다. 살아 있기만 한 것이 아니라, 더 생생하게 움직이며 자신의 길을 모색하는 중이다. 무슨 소리냐고,

지금 시대에 무슨 농업이냐고, 농업에 무슨 희망이 있냐고 반문할지 모른다. 그럼 거꾸로 물어보자. 지금 시대에 무슨 산업이냐고, 산업화에 무슨 희망이 남아 있냐고 말이다.

모두가 농사를 지을 수는 없다. 그러나 자연과 더불어 일하며, 생명의 가치를 일구는 농부의 마음만은 모두가 닮았으면 좋겠다.

특별히 농사를 배우고자 하는 사람들, 농촌에 가서 살려는 사람들이라면 더욱 놓치지 않았으면 좋겠다. 어디서 어떤 작물을 키울 것인가, 수익성은 어떤가, 이런 것도 중요하지만, 먼저 어떤 마음가짐으로 살 것인가 하는 본질적인 고민을 놓치지 않았으면 좋겠다.

농사와 별 연관이 없어도 좋다. 농업이나 농부에 대해서 한 번도 생각해본 적이 없다고 해도 괜찮다. 이 책을 읽는 사람들은 모두들 농부들의 삶을 한번 유심히 들여다보았으면 한다. 열다섯 명의 농부들의 삶에 자신의 삶을 한번 살포시 포개어 담아보았으면 좋겠다.

대대로 물려받은 땅과 가업을 이으려고 아주 당연하게 농사를 시작한 사람이 있는가 하면, 다른 길과 다른 삶을 꿈꿨지만, 뜻하지 않은 계기로 농업에 들어선 사람들도 있다. 그저 식물을 사랑하고 그 매력에 빠져 살다 보니 농부가 된 사람이 있는가 하면, 농부로서 열심히 살다 보니 이제는 탄탄한 중견기업의 경영까지 도맡게 된 사람도 있다. 농사를 짓는 동안 태풍이 불어서 하우스가 무너지고, 각종 병충해와 구제역이 돌고, 농산물 가격이 폭락하거나 판로가 막힌 것 같은 어려움들은 수없이 많이 있었다. 차라리 그런 것뿐이라면 다행일 수도 있을 만큼, 거기에 그 사람만의 어려움과 문제가 또 더해지는 것은 물론이다.

  저마다 모습은 다르지만, 우리는 모두 크고 작은 풍파를 맞아가며 자신의 삶을 붙잡고 고민에 고민을 거듭한다. 어떻게 하면 좀 더 안정적인 생활을 꾸릴지, 자식은 어떻게 키워야 할지, 어떻게 해야 더 즐겁게 일하며 살 수 있을지, 어떻게 하면 이 각박한 세상에서 사람들과 마음을 나누며 서로를 보듬고 살아갈지를, 우리 모두는 순간순간 삶과 씨름하며 기어이 그 삶을 살아낸다. 농부든, 아니든. 삶은 그렇게, 그 삶을 짊어진 이들 모두에게 나름의 고민과 선택을 요구한다. 우리는 하루하루 삶이 우리에게 던지는 숱한 문제와 고민들 가운데서 헤맨다. 농부든지, 아니든지.

  이제 농부들의 이야기로 잠시 눈을 돌려보자. 누군가에게는 평범하고 흔한 이야기일지 모른다. 하지만 또 누군가에게는 전혀 알지 못했던 새로운 이야기일 수도 있다. 위로는 휴전선을 바라보는 강원도 양구군에서부터 아래로는 저 제주도 끝까지. 도시농업과 벼농사로부터 시작해서 쌈 채소, 새송이버섯, 머루, 더덕, 난초, 한우, 조경수, 파프리카, 배, 방울토마토, 레몬에 이르기까지, 사람들의 생김새만큼 다양한 작물들을 키우며 살아가는 농부들의 이야기 말이다. 나와 다르다고, 혹은 나와는 상관없다고 생각했던 그들의 이야기. 어쩌면 그것은 우리가 미처 몰랐던, 바로 우리들 자신의 이야기일지 모른다.

Section1
부농 프로젝트 - 아이디어 혁신

아이디어 하나로 중소기업을 뛰어넘다

서울 대원주말농장 김대원 대표
Be Cityfarmer!
도시를 경작하며 누리는 새로운 삶의 기쁨

새벽이 돌아와 날 밝아오니 온갖 새들 소리한다.
아이들아, 일어나가거라. 밭 살펴보러 가자꾸나.
밤사이 이슬 기운에 곡식이 얼마나 길어났는고.
이휘일, 전가팔곡(田家八曲) 중에서

도시, 스스로를 경작하다

　도시(都市). 영국의 시인 윌리엄 쿠버는 '신은 자연을 만들고 인간은 도시를 만들었다'고 말했다. 그가 말한 도시는 인류의 창조적 충동을 자유롭게 풀어놓은, 예술과 종교, 문화와 통상, 기술의 대부분이 태어나는 곳으로서 창조적 도시를 뜻한다. 그는 그러한 도시를 만든 인간을, 자연을 만든 신의 놀라움에 비유하며 감탄했던 것이다. 그러나 도시가 끝없이 자신의 영역을 넓혀온 역사는 또 한편으로는 '농촌 축소의 역사'이기도 하다. 도시가 커질수록 농촌은 줄어들었다. 우리나라도 마찬가지다. 대한민국 사람의 80퍼센트는 도시에 살고 있다. 처음에 사람들은 대부분 시골에서 태어나서 도시로 옮겨왔다. 하지만 이제는 도시에서 태어나서 도시에서 살다가 도시에서 죽는다. 좀 과장된 예인지는 모르겠지만 오죽하면 아이들은 이제 과일과 채소가 '마트'에서 만드는 공산품인 줄 알 정도인 것이다.

도시에 사는 사람이 흙을 밟는 시간은 과연 얼마나 될까? 이제 사람들은 아침 햇살에 눈 비비며 새소리를 듣고 잠을 깨는 대신에, 휴대폰 알람을 듣고 일어나 전등을 켜고 하루를 시작한다. 밭에서 방금 뽑은 채소와 뜨끈뜨끈한 계란으로 아침식사를 만들어 먹어본 적이 있는가? 어느새 도시는 자연으로부터 완전히 고립되어버린 걸까? 이대로 도시는 영영 자연에서 멀어지고 마는 걸까? 그렇지 않다. 도시의 창조력이 이제 자연으로 다시 눈 돌리고 있기 때문이다.

2012년, 인구 천만 명의 거대도시 서울은 지금, 놀랍게도 곳곳에서 경작(耕作)에 열중하고 있다. 서울시는 2012년 6월 2일, '도시농업 원년'을 선언하고 구체적인 프로젝트를 시작했다. '가구당 3.3㎡ 이상의 모든 생활공간 주변 자투리땅을 텃밭으로 일굴 수 있도록 하고 도시농업지원센터 등 도시농업 교육시설을 늘려 누구나 도시농업 교육을 받을 수 있도록 하며, 도시농업의 다양한 가치를 학교교육과 연계하여 어린이·청소년의 심성 발달에 도움이 되도록 한다'는 등의 10가지 추진계획을 밝혔다. 바야흐로 '도시농업'의 시대를 열겠다는 것이다. 농촌을 잠식하기만 하던 도시가 이제는 농촌을 닮으려고 노력하며 새로운 활로를 모색 중이다.

정성스럽게 가꿔진 대원주말농장의 회원텃밭.

한국 주말농장의 시작

이런 도시농업의 바람은 갑자기 불기 시작한 것이 아니다. 도시농업 열풍이 일어나기 훨씬 전부터 서울에는 '도시농부'의 삶을 살고 있는 이들이 있었다. 1989년, 대한민국 최초로 '주말농장'을 시작한 김대원 대표 가족과 '대원주말농장' 회원들이 그들이다.

도시농부 김대원 대표의 이력은 조금 독특하다. 우선 그의 집안은 1750년부터 줄곧 한 자리에서 농사를 지으며 살아온 10대째 농가다. 김 대표가 군대를 제대한 후 바로 본격적인 농사일에 뛰어든 것은 너무나 자연스러웠고, 다른 일을 한다는 것은 아예 생각할 필요조차 없는 일이었다.

그는 1982년 후계농으로 선정되었다. 윗대부터 이어온 벼농사가 주업이었다. 하지만 다른 농업용수가 없는, 오직 비가 내려야만 농사가 되는 천수답(天水畓)인 데다가 토양 자체도 자갈이 많은 편이어서 일반적인 농지보다 더 많은 일손이 필요한 상황이었다. 게다가 도시화가 점점 빠르게 진행되면서 일손 구하기는 점점 더 힘들어졌다. 주변의 농가들도 개발업자들에게 땅을 팔고 지방으로 내려가거나 아예 농사를 접는 경우도 있었다. 김 대표 가족은 땅의 회전율을 높이기 위해서 채소농사도 해보고, 비닐하우스도 만들어서 화훼에 손대보기도 했지만 상황은 좀체로 나아지지 않았다. 그렇다고 10대째 이어오던 농사를 그만두거나, 땅을 버릴 생각을 할 수는 없었다.

친하게 지내던 지인이 와병(臥病)차 요양을 권유받은 것이 그때쯤이었다. 김 대표의 고민이 가장 깊어가던 무렵이었다. 어차피 일손이 없어서 놀려야 할 땅이라면 차라리 요양 삼아서 슬슬 농사를 지어보라며 지인 두 명에게 땅을 떼어주었다. 농사를 해본 적이 없으니 처음부터 하나하나 가르쳐주어야 했다. 영리를 목적으로 하는 것이 아니라, 건강회복을 위해서 하는 일이니 고되지 않게 지인의 몸 상태에 맞는 방법으로 농사일을 하도록 배려해주었다. 그렇게 옆에서 함께 농사를 지었는데, 다행스럽게도 지인의 건강이 회복되기 시작했다. 어쩌면 당연한 일인지도 모르지만, 그때는 그것까지 예상하고 한 일은 아니었다. 이처럼 시작은 우연한 계기였다.

지인의 경험담과 입소문이 퍼지면서 사람들이 찾아왔다. 농사를 짓게 해달라는 것이었다. 서울 도심에서 가까운 청계산 자락인지라 틈틈이 찾아오기도 좋았다. 그렇게 2명에서 시작된 것이 15명이 되었다. 건강은 자연 속에서 더 쉽게 찾아지는 법이다. 지인들이 농사로 건강을 찾게 되었을 때, 김대원 대표도 땅을 함께 일굴 좋은 동무들을 찾게 되었다. '주말농장'이라는 개념조차 없던 시절이었다. 하지만 15명에게 땅을 그냥 줄 수는 없었다. 서울시 농촌지도소, 구청, 농협을 발로 뛰어다니며 관련 규정을 마련하고 '시범사업'으로 지정해달라고 탄원을 올렸다. 1989년, 그렇게 대원주말농장이 시작된 것이다. 현재 대원주말농장의 회원 1,500여 세대 중에서 10퍼센트는 그 당시부터 함께한 사람들이라고 한다.

대원주말농장 초입에 보이는 안내 문구와 이른 봄 파종기 때 회원들의 모습.

주말농장은 여러 가지 면에서 장점이 있다. 회원의 입장에서는 매년 정해진 회비만 납부하면 종자와 땅을 얻을 수 있으며, 재배 방법 등의 정보를 한꺼번에 습득해서 즉시 소규모 농사가 가능하다는 것이 가장 매력적이다. 귀농을 앞둔 사람에게는 사전 준비교육으로, 도시에서만 자라는 아이들에게는 농촌 체험교육으로도 유용하다. 주말농장을 통해서 만나게 되는 다른 사람들과의 교류는 덤이다. 게다가 수익을 걱정하지 않아도 된다. 사실 현실적인 농업의 어려움은 유통에 있다.

농사를 짓는 사람은 농작물이 얼마에 팔릴지 알 수 없다. 가뭄이 들지, 수해가 날지, 작황이 좋을지 나쁠지에 따라 시장에서 전혀 다르게 값이 매겨지기 때문이다. 올해 무슨 작물이 잘될 것이라고 해서 유행에 휩쓸리듯 섣불리 뛰어들었다 공급과잉으로 가격폭락을 맞아 큰 손해를 보는 것은 아주 흔한 실패담이다. 하지만 김 대표의 주말농장에는 그런 실패가 없다. 면적에 따라 정해진 임대비만 내면 수확한 작물은 모두 기른 이의 몫이고, 만약 자연재해 등으로 농작물 피해가 난다고 해도 주말농장에서 대체 작물로 성의껏 나누어주면 된다.

농협에서 시범사업으로 지정하고 입소문과 더불어 책자로도 소개되면서 주말농장의 회원은 기하급수적으로 늘어갔다. 100명에서 300명, 600명, 지금은 1500세대에 대기자만 해도 600여 명이다. 회원 수가 늘어나면서 회원들의 필요도 다양해졌다. 처음에는 단순한 요양으로 시작했지만, 여가생활, 자녀교육, 귀농 전 선행학습, 노후준비 등 다양한 연령대의 사람들이 다양한 목적을 가지고 찾아온다.

▶ 오늘의 할일 ◀

★. 주말농장의 큰 수확의 기쁨은
  풀 뽑기 입니다 회원님 밭에 고랑 까지도 풀을 뽑으

★. 회원님 밭에 채소들을 자주오셔서 수확하여 잡수세요

★. 농장주에게 들깨 씨앗을 지급받아 뿌리세요.

★. 주1회는 꼭 농장에 오셔서 농작물 관리를 하세요

대원주말농장 공동게시판.
주의사항이나 각종 안내사항, 회원 간에 공유하는 여러가지 글이나 그림들도 있다.

"한 마디로 잠식당한 거죠."

김대원 대표는 호탕하게 웃으면서 그렇게 말했다. 모두가 땅을 떠나가던 시절, 우연하게 땅을 빼앗긴(?) 농부의 행복한 하소연이다.

"저는 늘 아이들에게 이야기합니다. 너희가 지금 공부하며 살 수 있는 것은 다 회원님들의 덕이라고요. 몇백 년 농사지으며 물려주신 땅을 지킬 수 있는 것도 회원님들의 덕이고, 부모님 모두 건강하게 지내고 계신 것도 다 회원님들의 덕입니다."

대원주말농장을 자라게 한 것은 바로 이런 감사함에서 나오는 '상부상조 정신'이 아닐까. 김대원 대표의 가족들은 모두 함께 직간접적으로 농장 경영에 참여하고 있다. 이를테면, 올해 여든넷이신 아버지는 종자와 농자재 구입을 맡고, 아내는 재정과 역할분담을 조정한다. 거름 주고 밭갈이하고 농장시설을 관리하는 것은 김 대표의 몫이다.

흙에서 함께 일구는 꿈

자녀들도 모두 농장에서 자라면서 자연스럽게 농장과 관련한 공부를 하고 있다. 큰 딸은 사회복지대학원에서, 작은 딸은 법대를 졸업한 후 미국의 한 대학원에서 사회복지를, 셋째 딸은 생명공학을 공부 중이다. 막내아들은 승마 재활치료를 공부한다. 올해 쉰아홉인 김 대표도 공부에서 예외가 아니다. 그 역시 관광경영학과 4학년에 재학 중이다. 이렇게 온 가족이 공부하게 된 것도 당연히 주말농장과 연관이 깊다. 찾아오는 사람들이 늘면서 김대원 대표는 좀 더 심각하게 주말농장 경영을 고민하게 됐다. 대원주말농장의 경영철학은 처음부터 '맞춤형' 경영이었다. 농사의 결과가 중요한 것이 아니라 농사의 이유가 중요했고, 농작물보다 농사꾼이 더 중요했다. 김 대표는 회원이 늘어나도 어떻게 하면 이 원칙을 잘 지킬 수 있을지 고민했다. 그래서 대원주말농장에는 '농번기'는 있어도 '농한기'는 없다. 날이 추워지는 11월이면 외국에 나가서 사례를 보거나 자료를 찾고 공부하고 돌아와서는 회원들과 다 같이 모여서 좌담회도 하고 사랑방 모임도 갖는다. 농장을 분양하기 전에는 꼬박꼬박 설명회도 개최한다. 모두가 한 사람 한 사람의 필요에 '맞춤형' 서비스를 제공하기 위해서다. 그렇게 20년을 주말농장과 함께 해온 그가 새롭게 구상하는 것은 바로 '힐링 팜(Healing Farm)' 사업이다.

"과학적인 연구가 어떤지는 모르지만, 농부로서 확신하건대 흙에는 치유하는 힘이 있습니다. 흙을 만지잖아요. 그러면 흙이 마음을 만져요. 심성이 좋아진단 말이죠."

김대원 대표는 주말농장 대기자가 늘어나면서 제2농장을 준비하고 있다. 제2농장의 테마가 바로 '힐링 팜(Healing Farm)'이다. 씨를 뿌리고 흙을 덮고 거름을 주고 수확하는 것에는 모두 '기다림'의 과정이 따른다. 효율적이고 결과 지향적인 세태에 점점 조급해지는 아이들이 농장에서 '기다리는 법'을 배우고 느긋함을 누리게 된다. 결국 농부의 마음(農心)은 기다리는 마음이 아니던가. 아이들뿐만 아니라 농장에서 심신을 치유하는 가장 큰 수혜자는 사실 노년층이다.

"어느 날이던가. 동창 중에서 부모님이 모두 건강하게 살아계신 사람이 저밖에 없더군요."

농장에서 종자와 농자재 구하는 일에 관해서는 여전히 큰 소리 치시는 아버지의 모습을 보며 그는 늘어나는 노령 인구에 맞는 맞춤형 서비스가 뭘까 고민했다고 한다.

"늙고 힘이 없다고 해서 위축되기 시작하면 더 늙고 힘이 없어지는 것이 사람인데, 훈련된 말 위에 앉아 승마를 하며 큰 소리 치면 그 자체가 하나의 치유가 아니겠어요?"

김대원 대표는 제2농장과 관련해서 특별히 '승마', 재래시장과 시골학교와 연계한 '추억여행' 등의 프로그램도 개발 중이다. 제2농장이 '힐링 팜(Healing Farm)'으로서 특징과 경쟁력을 갖는 지점이 바로 이렇게 노년층의 실제적인 필요를 파악해서 마련한 관광과 복지를 결합한 프로그램에서 드러난다.

'힐링 팜'은 대원주말농장의 온 가족이 일구는 꿈이다. 만약 김 대표도 다른 땅을 찾아 떠나거나 농사를 접었다면 주말농장도 없었을 것이다. 자녀들은 다른 공부를 하게 되었을지도 모른다. 1,500여 회원들도 함께 땅을 일구지 못했을 것이다. 결국, 지인의 요양을 위해 선뜻 내어준 마음씨 하나가 이제는 커다란 꿈으로까지 이어졌다. 땅을 보듬으니 이제는 땅이 사람들을 보듬은 셈이다.

간간이 구름 낀 하늘 사이사이로 초여름 햇살이 비친다. 평일인데도 어느새 옹기종기 밭고랑 틈새마다 사람들이 가득 모였다.

"밀짚모자 좀 빌려주세요."

젊은 여성 회원 두 사람이 웃으며 밀짚모자를 부탁했다. 땅에서는 흙내음이 올라오고, 바람을 타고 싱싱한 채소 내음이 밀려온다. 작은 모종삽을 들고 아이들이 뛰어논다.

"몸소 체험하지 않으면 가슴이 와 닿지 않습니다. 그게 바로 땅의 가르침입니다."

한창 사업계획을 이야기할 때는 아이디어 넘치는 사업가 같던 김대원 대표의 눈빛이 다시 영락없는 농부의 눈으로 부드럽게 빛난다.

도시와 농촌이 얼굴을 맞대고 서로를 보듬을 때

"아무리 패스트푸드에 찌든 아이들도 자기가 기른 채소는 맛있게 잘 먹더라고요. 몸에 좋다고 먹으라고 백날 말해봐야 그게 왜 진짜 좋은지를 모르는 겁니다. 농산물 가격이 폭락하면 농민들은 아우성입니다. 그러면 실제로 도시에서 일부러 많이 사주려고 노력하죠. 그런데 공급이 줄거나 해서 가격이 폭등하면 농민들이 가만히 있습니다. 왜 그렇습니까?"

한참 동안 텃밭 구석구석을 지켜보던 김대원 대표가 진지한 어조로 말을 이어갔다.

대원주말농장에서 텃밭을 가꾸고 있는 회원 가족의 모습.

"관계가 끊어진 겁니다. 서로 몰라서 그런 거죠. 귀농하는 사람이 가장 많이 하는 실패의 원인이 뭔 줄 아세요? 귀농 결심하고, 농사짓는 법도 잘 배우고 나서 시골에 내려가죠. 그러면 제일 먼저 하는 일이 집 멋있게 지어놓고 담장부터 높이 올려요."

그의 말이 가슴을 먹먹하게 치고 들어왔다. 멋진 집과 담장. 너와 나의 경계를 만들고, '다름'을 돋보이게 하는 일이다.

"귀농하려고 하는 사람이 있다면 그 마음 그대로 먼저 농촌에 내려가서 사람들과 어울리면 좋겠습니다. 자기가 전기를 볼 줄 안다면 마을에 전기를 봐주면서 사람들하고 먼저 어울리는 거죠. 농민들도 외지에서 누가 오면 그냥 담쌓아버립니다. 마음에 담을 만드는 거죠. 그러

'사랑의 된장·간장 담그기' 활동으로 담근 된장과 간장독 항아리들.

지 말고 여유롭게 받아주고 어울리면 좋겠습니다. 결국 도시 사람이나 농민들이나 서로에게 없으면 안 되는 필요한 존재거든요."

김 대표는 그러면서 이러한 철학은 다 아내에게서 배운 것이라고 했다. 알고 보니 그의 아내 최성희 씨는 농가주부모임 전국연합회장을 맡아서 도시와 농촌을 두루 다니며 도시와 농촌 사이에 자리했던 이러한 장벽과 그로 인한 상처들을 보듬는 강연과 교육활동을 해왔다고 한다.

대원주말농장 입구, 사무실 담벼락에는 큼지막한 펼침막이 붙어 있다. 주말농장을 시작하면서 지금까지 있었던 크고 작은 행사 사진들을 모아서 커다란 펼침막으로 만든 것이다. 농업인 대회 참석사진, 농장 체험학습 사진이며 미얀마 난민 돕기 행사, 새끼줄 꼬기 행사 같은 사진들도 보인다. 주말농장이라고 하면 흔히 '유기농 채소', '친환경 재배' 같은 먹을거리에 국한해서 우리 식구 먹을 싱싱한 채

2006년 경기농협 농촌체험관광 활성화를 위한 현장교육 후, 앞 줄 가운데가 김대원 대표, 그 옆이 아내 최성희 씨다.

소를 얻는 정도로 생각했었는데, 미처 알지 못했던 더 커다란 세계에 발 디딘 느낌이다. 도시가 잃어버린 땅을 도시 안에서 찾아가는 노력, 도시가 살기 위해서는 농촌도 살아야 한다는 깨달음, 결국은 더불어서 함께 땅을 일굴 때라야 생명이 움트는 것임을, 주말농장의 텃밭은 고스란히 간직하고 있었다.

김대원 대표는 1982년에 후계농으로 선정되었고, 현재 서울시 서초구 원지동에서 가족과 함께 대원주말농장(www.daewonfarm.co.kr)을 운영하고 있다. 1981년 농촌진흥청 청장상, 1987년 대통령 국민포장, 1996년 서울시민 대상, 1999년 세계농업기술상 도시농업부문, 2005년 국무총리 표창, 2005년 대통령 산업포장 등을 수상했다.

평택 미듬영농조합법인 전대경 대표
쌀, 풍부한 아이디어와 상상력으로 새롭게 거듭나다

사람들이 얼마나 많은 길을 걸어봐야 진정한 인생을 깨닫게 될까요.
하얀 비둘기는 얼마나 많은 바다 위를 날아봐야 백사장에 편안히 잠들 수 있을까요.
전쟁의 포화가 얼마나 많이 휩쓸고 나서야 세상에 영원한 평화가 찾아올까요.
친구여, 그건 바람만이 알고 있어요. 그건 바람만이 대답할 수 있답니다.

밥 딜런(Bob Dylan), 〈blowing in the wind〉 중에서

    천재적인 경영인(CEO)으로 손꼽히는 애플 사(社)의 스티브 잡스는 종종 밥 딜런의 노래를 즐겨 들었다고 한다. 스티브 잡스의 전기(傳記)에 따르면, 그는 때로 노래를 들으며 눈물을 흘리기도 할 만큼 감성이 풍부한 사람이었다. 창의성, 상상력, 아름다움. 이러한 가치는 애플을 상징하는 주요한 원동력으로 단순히 제품의 성능, 크기, 효율성에만 주목하던 기존의 통념을 깨고 새로운 기능, 제품의 디자인, 감성 마케팅 등의 새로운 상품가치를 이끌어낸 요인이라 할 수 있다.

    애플의 이러한 경영은 비단 한 회사에 국한되는 것이 아니다. 창의력과 상상력, 제품의 특징을 잘 드러내는 디자인적 요소를 중시하는 애플의 경영전략은 단순히 제품을 구매하던 '구매 행위'를, 제품을 매

평택에 위치한 미듬영농조합법인 제2공장의 전경과 내부 모습.

아이디어 하나로 중소기업을 뛰어넘다

개로 이어지는 고객과 회사 간의 새로운 '유대 관계'로 한 단계 더 높여놓았다. 사람들은 이제 제품을 구매한다고 생각하기보다 새로운 문화에 동참한다고 느낀다.

농업은 어떨까? 농업은 필연적으로 사람들의 음식 문화와 연결된다. 패스트푸드는 서구의 음식이기도 하지만 동시에 서구를 상징하는 문화이기도 하다. 반면에 '쌀'은 대표적인 '신토불이'의 상징이다. 수확을 앞둔 황금빛 논, 고개를 숙인 벼이삭, 밀짚모자를 쓴 농부와 같이 쌀을 정서적으로 느끼기도 한다. 그렇다면 커피와 함께 즐기는 쌀과자, '라이스칩'은 어떨까?

세계적인 커피 체인점인 '스타벅스 코리아'에 '라이스칩', '라이스바', '라이스키위' 등을 납품하고 있는 미듬영농조합. 평택시 오성IC 바로 옆에 자리한 조합법인 건물은 흡사 애플스토어를 연상케 하듯, 단순하고 네모진 모양으로 깔끔하고 세련된 외관 디자인을 자랑한다. 사무실에 들어서자 이번에는 가장 먼저 오래된 밥 딜런의 턴테이블 레코드판이 눈에 띄었다. 미듬영농조합법인 전대경 대표의 사무실에는 대강 어림잡아도 수백 장의 레코드판들이 책상 옆 장식장 안에 빼곡하게 꽂혀 있었다.

미듬영농조합은 2005년 3월에 설립, 2008년 친환경 가공용 쌀 생산지구를 운영하며 쌀 가공공장을 준공, 2009년 4월부터 '스타벅스 코리아'에 '라이스칩 납품'을 시작했다. 이후에 '죽 이야기', '삼립식품', '뚜레주르' 등에 가공식품을 생산, 납품하고 있고, 2012년 9월부터 '아시아나항공' 기내식에 '라이스칩'과 '라이스바'가 선정되는 등 짧은 시간 동안 친환경 농산물의 유통가공에서 급성장하고 있다.

항공기 기내식의 경우, 이른바 '하늘 위의 만찬'으로 불리는 항공기 서비스의 으뜸을 차지한다. 때문에 각 항공사들은 기내식의 외부 유출을 막고, 저마다 최고의 기

미듬영농조합법인에서 가공 생산해 스타벅스 코리아 매장에 납품하고 있는 '라이스칩'.

내식 서비스를 제공하기 위해 엄격하게 선별해 기내식을 선정한다. 즉 이것은 미듬영농조합의 '라이스칩', '라이스바'가 그 우수성을 공식적으로 인정받았다는 뜻이기도 하다. 2009년 6억 원이던 미듬영농조합의 매출액은 2011년 45억 원을 기록했고, 2012년 현재 60억 원 매출을 목표로 하고 있다.

쌀 생산농가, 쌀 전문가, 쌀 박사에서 쌀 가공업체 CEO까지

평택에서 3대째 쌀농사를 짓는 집에서 태어난 전대경 대표는 별로 고민할 필요조차 느끼지 못할 만큼 자연스럽게 농부의 길을 선택했다. 고등학교를 졸업한 다음, 대학도 농대로 진학했고 학교 일과와 병행하며 농사를 지었다.

"누구나 진로를 고민할 때지요. 고등학교를 졸업하고 모든 젊은이들이 그런 것처럼 저도 제 미래에 대해서 생각을 왜 안 해봤겠어요. 특별한 계기가 있기보다는 자연스러웠던 것 같습니다. 그래, 나는 '쌀'에 내 일생을 걸자. 그게 내가 갈 길이다."

그렇게 대학에서 농업을 공부하며 농사를 짓던 전대경 대표는 1998년 '벼 무경운 재배 시 볏짚과 둑새풀 고사체 피복이 벼와 논잡초의 생육에 미치는 영향'이라는 논문으로 단국대학교 대학원에서 석사를, 2004년 '수확시기가 쌀의 수량과 품질에 미치는 영향'이라는 논문으로 단국대학교 대학원 식량자원학 전공에서 박사학위를 받았다. 여태껏 전 대표가 발표한 쌀 품질 관련 논문은 모두 17편, 정부 출연 과제 9개에 참여했으며, 2007년 아이디어 상품공모전에서 최우수상을 수상하는 등 신제품 콘테스트, 벤처농업박람회, 한국농업근대화 100주년 사업전시 등 아이디어 공모와 박람회 참여횟수도 6차례이다.

오성친환경쌀작목반, 평택시 쌀연구회, 친환경쌀연구회 회원으로 활동 중인 전 대표는 남들과 달리 일찍부터 '쌀의 부가가치'에 대해 고민해왔다.

"한국 사람이니까, 신토불이니까 무조건 쌀을 먹어달라, 물론 그것도 맞는 이야기이기는 하지만 언제까지 그 이야기만 가지고 버틸 수 없다고 생각했습니다. 시대가 변하고 국제적인 상황도 변하는데, 쌀도 새로운 가치를 찾아야 하지 않을까 많이 고민하게 되었습니다."

사무실에서 제품에 관해 설명하고 있는 전대경 대표.

우선 그가 찾은 해답은 '친환경'이었다. 쌀도 '친환경'이라는 시대적 흐름에서 예외일 수는 없었다. 전 대표는 주변 농가들을 설득해 우렁이 농법, 무농약 농법을 이용해서 '친환경' 쌀을 재배했다.

그 다음은 '쌀의 부가가치'를 찾는 것이었다. 친환경 쌀의 품질경쟁력만으로는 오히려 수입쌀의 가격경쟁력을 당하기는 힘들다고 판단했다. 하지만 쌀은 밀에 비하면 지금도 그 활용도가 다양한 편은 아니다. 처음에 쌀 가공을 고민하던 전 대표도 그 점이 가장 어려웠다. 우선은 떡을 만드는 가공용 쌀을 납품하면서 계속 고민을 거듭했다. 각종 아이디어 공모와 쌀 가공품 품평회에 계속 적극적으로 참여하면서 신제품 개발에 몰두했다. 이렇게 얻은 각종 아이디어와 경험을 토대로, 전대경 대표는 무려 2,000종의 쌀 중에서도 쌀과자에 가장 적합한 품종을 찾아가면서 쌀과자 개발에 착수했다. 하지만 쌀과자를 개발했다고 해서 문제가 해결된 것은 아니었다. 이번에는 유통과 가격이 문제였다. 기존의 쌀과자 시장이 어느 정도 형성되어 있는 상황에서, 후발주자로 섣불리 저가전략으로 경쟁에 뛰어든다면 별로 승산이 없다는 게 전 대표의 생각이었다. 우선은 친환경 가공용 쌀을 재배하면서 쌀가루와 떡용 친환경 쌀을 납품했다. 쌀과자 개발은 그 전부터 진행하고 있었지만, 전 대표는 때를 기다렸다.

"경기도가 쌀 소비 촉진을 위해 쌀 가공식품사업에 관심을 가지면서 마침 공동으로 스타벅스와 '라이스칩' 계약을 맺게 되었습니다. 운이 좋았지요."

아이디어와 과감한 도전이 성공으로 이어지다

전 대표는 "운이 좋았다"고 말했지만, 그것은 그 전부터 준비한 '쌀과자'가 없었다면 이루어낼 수 없었던 성과였다. 실제로 미듬영농조합은 스타벅스와 계약을 체결한 지 15일 만에 3만 1,000개(개당 60g)의 물량을 납품했다. 이것만 보더라도 스타벅스와의 계약은 운이 아니라 '실력'이었음을 알 수 있지 않을까.

게다가 전 대표는 기존의 쌀과자 제품을 그대로 생산해서 납품하기보다, 커피 매장을 찾는 고객들에게 더 적합한 제품이 무엇일지 고민하며 제품을 다시 기획했다. 쌀만으로는 맛의 느낌이 떨어질 수 있기 때문에, 라이스칩 포장지 안에 배·유자잼을 함께 넣어서 커피와 즐길 수 있도록 했다. 그 과정에서 또한 배잼 가공을 위해 지역에서 배 100톤을 수매함으로써 지역농산물의 소비 촉진에도 기여했다.

더 나아가 쌀과 함께 국산 자색고구마와 단호박을 이용해서 라이스칩을 만들자고 역으로 스타벅스 측에 제안하기도 했다. 모든 원료는 경기 지역의 농산물을 사용했고, 포장지 또한 환경을 생각해 분해성 포장지로 꾸몄다. 결과는 대성공이었다. 각종 쿠키와 샌드위치 속에서 '라이스칩'이 당당히 한 자리를 차지하게 된 것이다.

'라이스칩'의 뒤를 이어 '블루베리 라이스바'도 납품했다. '라이스바'는 국산 블루베리와 무농약 현미볶음에 아몬드와 캐슈넛을 섞어 만든 간식 대용 가공식품이다. 딱딱하지도 않고 견과류의 고소함, 블루베리의 달콤함, 현미의 담백한 맛이 어우러져서 좋은 식감과 맛을 냈다.

스타벅스와 계약이 좋은 성과를 내면서 '라이스칩', '라이스바' 외에 독자적인 브랜드인 '논지기' 브랜드를 붙인 '친환경쌀 10kg', '라이스 키위', 어린이와 유아를 위한 과자인 '어린농부 : 쌀내음', '어린농부 : 과일내음', '오븐에 구운 사과' 등등 지속적인 신제품을 개발하여 출시했다.

미듬영농조합의 강점은 이런 다양한 신제품 개발 능력이다. 애초에 전대경 대표가 고민했던 '쌀'을 이용한 다양한 활용 방법을 실제로 구현하고 있는 것이다. 미듬영농조합은 전 대표 외에도 식품 관련 전문가들의 자문을 받으며 한 해에 40~50개의 품목을 개발하고 있다. 현재 출시한 32개 제품은 모두 경기도 쌀 가공품 품평회와 같은 공모행사에서 수상한 제품을 기반으로 개발한 것들이다.

미듬영농조합법인에서 개발한 제품들로, 라이스칩, 라이스바뿐만 아니라, 애플스낵, 팝라이스, 유아들을 대상으로 한 어린농부 쌀과자와 쌀국수 등 다양한 제품 라인업을 가지고 있다.

특히 미듬영농조합은 제품개발부터 제품 디자인, 생산, 가공, 판매까지 한번에 이어지는 '원스톱' 시스템을 구축했다. 초기 투자비용을 아끼지 않은 덕분이다. 제품디자인의 경우는 별도의 디자인실을 만들어서 제품의 고급화, 차별화 이미지 구축에 힘썼다. 작은 규모의 영농조합법인으로서는 감당하기 힘든 부담일 수도 있지만, 경기도에서 진행하는 쌀 가공식품 품평회에 입상함으로써 제품 포장재 개발, 포장용기 개선, 위생시설 및 자동화 시설 개선 등에 사업비를 지원받을 수 있게 된 것이다.

그렇다고 해서 전대경 대표가 쌀과자 하나에만 몰두한 것은 아니었다. 본업인 친환경 쌀 재배와 쌀 이외의 친환경 농산물을 활용한 제품개발, 심지어 '플러그 잔디' 같은 잔디의 식재를 용이하게 하는 제품 등도 출시했다.

"쌀을 재배한다고 해서 쌀 하나만 고집하기보다는 쌀을 기본으로 하되, 유휴지를 이용해서 감자, 콩 같은 작물도 순환적으로 재배하는 작부체계를 갖추는 것이 좋습니다. 가공을 하더라도 쌀만 고집했다면 오늘의 결과는 나올 수 없었을 것입니다. 자색고구마와 애호박, 유자와 배, 블루베리까지 결과적으로 나뿐만이 아니라 지역의 다른 농산물까지 활용함으로써 결과도 좋았을 뿐 아니라 다른 지역 농가도 이익을 가져갈 수 있게 되었습니다."

친환경 농산물 가공식품은 여전히 진화 중

좋은 결과를 내고 있기는 하지만, 아직 만족할 수 있는 단계는 아니다. 그만큼 쌀을 가공한다는 것이 어려운 국내 현실 때문이다. 많은 가공설비가 '쌀'이 아닌 '밀'에 맞춰져 있는 것이 단적인 예다. 가공 수준 또한 높다고 말할 수 없다. 이제 시작하는 단계에 불과한 것이다.

전 대표는 '친환경 농산물이 좋다' 혹은 '친환경 농산물을 먹자'는 생각은 다들 하지만, 그 생각이 아직 실제 소비로 다 이어지고 있는 것은 아니라고 말한다. 그것은 소비자의 의식 전환이나 친환경 농산물의 문제라기보다는 친환경 농산물의 생산, 가공, 판매에 이르는 전체적인 구조의 수준 자체가 아직 충분히 성숙하지 않았기 때문이다. 또한 쌀의 특성 자체도 한계가 있다. 쌀은 탄수화물이기 때문에 영양을 고려한다면 어찌되었든지 다양한 다른 농산물과의 연계가 필수적이다. 앞으로 쌀 가공식품이 더욱 발전하기 위해서는 이러한 한계를 극복할 다양한 아이디어와 가공식품 자체의 발전이 더욱 요구될 수밖에 없는 부분이다.

현재 미듬영농조합의 1공장과 2공장이 각각 역할을 분담하고 있다. 가공 생산은 전적으로 1공장의 몫이다. 2공장은 원료 보관과 제품 개발, 디자인, 유통을 맡고 있다. 즉 생산과 제품 개발이 동일한 비중이라는 의미이기도 하다. 아직까지 국내의 쌀 가공식품업계의 상황이 생산에만 몰두해도 될 만큼 충분히 성숙하고, 안정화 단계에 이르지 못했기 때문이다.

전 대표는 외국과의 교류도 서서히 진행 중이다. 당장 이익을 내기 위한 수익구조라기보다는 교류적인 측면의 성격이다. 하지만 장기적으로는 수출을 생각하고 있다.

2012년 3월에는 경기 도지사, ㈜스타벅스커피 코리아 상무, 쌀 가공업체 관계자, 농민단체 등 50여 명이 참석한 가운데 '경기미(米) 가공제품 판매 확대를 위한 양해각서'를 체결하기도 했다. 협약에 따라 '스타벅스 코리아'는 400여 곳에 이르는 국내 매장뿐 아니라 세계 50개국, 1만 7,000여 곳에서 라이스칩과 라이스바 등의 판매를 추진하게 된다. 이 외에도 스타벅스 측과는 다양한 협력 방식을 통해 '수출효과'를 낼 수 있는 여러 가지 프로젝트를 논의 중이다.

최근에는 중국의 쌀 전문가를 찾아 교류하기도 했다. 전 대표는 그것을 일방적인 수출입을 논의하는 자리가 아니라 서로 '스토리'를 만드는 자리였다고 말한다. 식량작물 생산 문제는 사실 우리나라만의 문제가 아니기 때문이다. 가격만으로는 식량 문제를 해결할 수 없다. 품종 개량, 재배 방법, 기술, 비료와 사료의 문제 등 이런 것들은 비단 쌀에만 국한된 문제가 아니기도 하다. 전 대표는 서로 만나서 협의하고 교류하면서 더 나은 방법을 모색할 수 있지 않을까 하는 마음에서 이런 자리들을 만들고 있다.

전대경 대표는 요즘 농산물뿐만 아니라, 농산물과 축산이 만나면 좋은 방법이 생기지 않을까 고민하고 있다. 예를 들면, 우리 쌀을 먹여서

현대화된 미듬영농조합 가공 생산 라인.
하지만 전 대표는 가공식품업체 CEO라는 직함보다 한 사람의 농부로 남기를 원한다.

닭을 사육하는 것이다. 그러면 옥수수 수입량을 줄여도 되니까 좋지 않을까 생각해봤단다. 쌀 하나를 가지고 하는 전 대표의 생각은 그야말로 국경도 넘나들고, 품종도 뛰어넘는다. 이러한 아이디어들이 진 대표의 머릿속에 차곡차곡 쌓여 있다. 시간이 지날수록 더 적절한 방법과 기회를 찾아낼 것이다.

그래도 나는 행복한 농부

눈코뜰새 없이 점점 더 바빠지는 하루 일과지만, 전 대표는 새벽에 일어나 사무실로 출근하기 전까지 가장 먼저 농사일을 챙긴다. 여전히 직접 논과 밭을 누비며 농사를 짓는 것이 그의 가장 즐거운 일과다.

"새벽에 농사지을 때가 가장 행복하죠. 날마다 새벽에 일어나서 농사짓지 않고 사무실에 나와서 공장 돌아보고 제품 신경 쓰고 그렇게만 하면 아마 쓰러질 겁니다."

농학 박사이자 쌀 가공식품업체 CEO이기 전에, 전대경 대표는 한 사람의 농부였다. 농부 전대경이 없었다면 농학 박사도, 농업경영인도 없었을 것이란 생각이 들었다.

농부의 삶이란 아침 해와 더불어 하루를 시작하는 삶이다. 농부는 땅과 더불어 일한다. 농부의 관심은 '수익'에 앞서 '생명'에 먼저 기운다. 농부의 삶을 통해 자라난 '생명'은 다시 농부에게 '생명력'을 불어넣는다. 생명을 돌보는 일이야말로 농부의 삶을 움직이는 원동력이 아닐까.

미듬영농조합의 제품과 브로셔에는 'Be my friend'라는 제목이 붙은 기아대책기구와 함께 진행하는 캠페인 소개란이 들어가 있다. 수익금의 1퍼센트를 기아 어린이 구조를 위해서 기아 대책에 기부하는 캠페인이다. 이를 위해 SK네트워크와 함께 기아 대책 기획상품인 'Big Smile' 라이스칩을 개발해서 판매하고 있다. 또 다른 구호 상품으로 우유에 타서 먹을 수 있는 선식식품도 개발 중이다.

"너무 앞만 보면서 달려왔잖아요. 또 우리 세대까지는 이익을 얻기 위해서 그동안 너무 많은 에너지를 희생시키면서 여기까지 오지 않았

미듬영농조합을 방문한 외국 시찰단.
미듬영농조합은 전 세계에서 견학을 찾아올 만큼 국제적인 인지도를 얻고 있다.

나 하는 생각도 들고요. 행복한 나눔 전용상품도 만들고 지역에 기여하면서 사회 환원의 의미도 놓치지 않았으면 좋겠습니다."

이뿐만이 아니다. 전 대표는 평택 지역의 쌀을 전량 수매해서 평택의 27개 학교 급식에 참여하는 일을 추진하고 있다. 올해 추석에는 지역특산물로 구성한 선물세트를 만들어서 서로 주고받자며 동문들에게 제안하기도 했다. 동문들뿐만 아니라 지역에 진출한 기업체들도 동참 의사를 밝히기도 했다.

전 대표가 이런 일들에 앞장서는 까닭은 무엇일까? 성공한 기업가로서 '사회 환원'이나 '나눔'을 말할 만큼 여유가 생겨서일까? 오히려 그 반대다. 행복은 전 대표가 처음 농사를 지을 때부터 가지고 있던 마음이다. '행복은 나눌수록 커진다'는 말처럼, 전 대표는 성공이 아닌 '행복'에 마음을 쏟았다. 행복에 대한 믿음, 농사를 통해서 내가 행복해질 뿐만 아니라, 더불어 행복해질 수 있다는 확신이 바로 오늘의 '미듬'을 만든 밑거름이다.

조합명 '미듬'은 '믿음'을 소리나는 대로 쓴 것이다. '신뢰', '참다운 마음'을 뜻한다. 친환경 쌀도 라이스칩도 다른 제품들도 결국은 다 '믿음'이 들어간 제품임을 전해주고 싶어서이다. 이익을 얻기 위해서가 아니라 좋은 것을 함께 누리고픈 마음, 나만 잘되면 그만이 아니라, 나를 통해 너도 잘되었으면 좋겠다는 마음, 그것은 바로 '농부의 마음'이었다.

전대경 대표는 2000년 후계농으로 선정되었고, 평택시 오성면에서 우렁이 농법과 무농약 재배로 벼농사를 지으며 '친환경쌀'을 재배하고 있다. 2005년 '미듬영농조합법인'을 설립해 현재 대표를 맡고 있으며, 단국대에서 농학 박사학위를 받았다. 2010년 고품질 쌀 유통부문 대통령 표창을 수상하였다.

제주 e-제주영농조합 문근식 대표
무한한 가능성의 실현, 농업의 새 패러다임을 쓰다

실패는 유한하지만 가능성은 무한한 것이라는
가능성을 믿는 낙관적인 힘으로 인간은 발전하는 것이다.
탈무드 중에서

    세계적인 휴양지 제주도. 제주도는 천혜의 자연경관과 정부 및 국민들의 적극적인 지원에 힘입어 명실상부한 한국 최고 관광지로서 그 명성을 떨치고 있다. 하지만 제주도를 떠받치는 또 하나의 기둥은 역시 농업이다.
    통계에 따르면 제주도의 산업 비중에서 농업이 차지하는 비율은 육지의 2.5퍼센트보다 7배나 많은 17.7퍼센트이다. 적어도 제주도에서 관광산업 다음으로 농업은 기간산업의 역할을 담당하는 셈이다. 그러나 제주농업에서 여전히 '감귤산업 집중현상'은 신중하게 고려해야 할 부분으로 지적된다. 감귤산업이 제주도에서 자연스럽게 뿌리내린 주요 작물이기는 하지만, 그로 인해 다른 농산물산업에 필요한 지원과

제주시 조천읍에 자리한 e제주영농조합을 찾아가는 길.
제주 지방 특유의 돌담이 인상적이다.

관심이 부족할 가능성이 있고, 또 자유무역 확대 등으로 인해 감귤산업이 직격탄을 받을 경우, 위험이 한데 집중될 우려 때문이다.

 이러한 상황 속에서 감귤은 이제 새로운 기로에 서 있다. 주요한 작물의 하나로서 감귤이 차지하는 비중을 잘 유지해야 하지만 동시에 위험을 줄이고 좀 더 안정적인 운영방법을 모색해야 할 시기가 왔다. 새로운 시대는 항상 새로운 사람과 새로운 생각을 낳는다. 감귤도 마찬가지. 감귤농사를 짓는다면 이제는 새콤달콤한 맛있는 감귤 하나를 생산하는 것에서 그치면 안 되는 것이다. 감귤의 새로운 가능성, 어디에서 찾아야 할까?

평범한 감귤농사꾼, 새로운 길을 모색하다

e-제주영농조합의 문근식 대표도 처음에는 제주의 여느 감귤 농가와 비슷했다. 문 대표는 제주 출신으로 그의 선친께서는 특히 제주의 감귤산업에 한 평생을 바치신 분이었다. 문 대표는 대학에서 전자공학을 전공했지만, 졸업 후 다시 제주로 돌아왔다.

잠시 건설회사 등에서 일하기도 했지만 IMF 금융위기를 계기로, 형님과 함께 본격적으로 가업을 이어받기로 결심했다. 직장생활이 어려워서였다기보다 예전부터 농업에 투신하려는 마음이 훨씬 더 강했기 때문이었다. 문 대표는 나름대로 농사에 자신도 있었고, 여건 또한 나쁘지 않았다. 선친께서 일궈놓으신 것들도 많았다. 그러나 기대와 달리, 시작한 첫해에 문 대표가 손에 쥔 돈은 불과 300만 원 남짓한 돈뿐이었다. 하필 그해 감귤 가격이 터무니없이 폭락한 탓이었다.

무엇이든 돌파구를 찾아야 했다. 따지고 보면 감귤 가격 폭락은 문 대표의 실수가 아니었고, 감귤농사를 제대로 짓지 못한 탓도 아니었다. 실수도 없었고, 감귤농사에도 문제는 없었다. 그것은 전형적인 구조의 문제였다. 하지만 그것이 현실이었다.

이런 식이라면 주기적으로 찾아오는 가격 폭락을 피할 수는 없었다. 그렇다고 감귤농사를 접을 생각은 없었다. 다음 해에도 역시 힘들었다. 그 다음 해도 마찬가지였다.

2000년도에 후계농에 선정되면서 시설투자를 할 수 있는 여건이 마련되었다. 문근식 대표는 관행농업으로 해오던 감귤농사를 '친환경 농

레몬밭에서 레몬 재배 특징에 대해 설명하는 문근식 대표.

법'으로 전환했다. 안정적인 수익구조를 모색하던 차에 찾은 해답이었다. 물론 친환경 농법만으로는 근본적인 해결책을 찾기 힘들었다. 역시 문제는 유통과 판매망에 있었다.

이렇게 고민을 거듭하는 가운데 인터넷상에서 친환경 농산물의 직거래 유통망을 만들기 위해 각각 키위와 한라봉을 재배하던 두 사람을 만나게 되었다. 감귤, 키위, 한라봉으로 서로 품목은 달랐지만 세 사람의 고민은 비슷했다. 이제는 어떤 품목이든 그저 잘 생산하기만 하면 저절로 팔리는 그런 시대가 아니었다.

키위와 한라봉은 온라인 직거래 공간을 마련하자 곧바로 소비자들의 호응을 얻었다. 하지만 감귤은 큰 변화가 없었다. 유통과 판매 문제에 있어서만큼은 키위와 한라봉, 감귤의 상황이 차이가 있었던 것이다. 키위와 한라봉은 직거래를 원하는 소비자들이 더 많았지만, 감귤의 경우는 어느 마트나 시장에 가도 비싸지 않게 구입할 수 있으므로 소비자들이 굳이 '직거래'를 통해 거래해야 할 필요를 느끼지 못했다.

한번은 감귤이 아니라 '감귤나무'를 소비자에게 직접 분양해보는 것은 어떨까 하고 아이디어를 내보기도 했다. 하지만 썩 좋은 결과를 얻지는 못했다. 당시의 상황은 어느 한 개인이 혼자 감당할 수 있는 문제는 아니라는 결론을 내렸다. 실제로 그때 당시 정부에서는 소규모의 감귤농가 대부분을 대상으로 '폐원 신청'을 유도했다. 덕분에 많은 영세 소규모의 감귤농가들이 문을 닫았다.

세 사람은 '온라인 직거래'를 통해 활로를 모색함과 동시에, 새로운 유통구조에 대한 필요성을 절감했다. 특히 문 대표의 경우는 더욱 절실했다. 농사를 시작한 이래로 계속 손익분기점을 넘기지 못했다. 문 대표는 지금은 웃으면서 '단지 귤이 맛이 없어서' 그랬던 것이라고 농담을 던지지만, 사실 당시 문 대표가 직면했던 문제는 '감귤' 자체의 문제가 아니었다. 무엇인가 돌파구가 필요했다.

문근식 대표가 농장에서 처음 레몬 꽃이 피었을 때 찍어둔 사진.

2002년, 어렵고 힘든 상황 속에서 앞서 만난 감귤과 키위, 한라봉 농사를 짓던 이 세 사람을 중심으로 모두 열 명의 농부들이 모여 'e-제주영농조합'을 설립했다. 'e'

레몬 농사를 시작하고 문근식 대표가 처음 수확한 레몬.

라는 약자는 '전자상거래(e-commerce)'에서 따온 것이었다. 때마침 다행스럽게도 2004년도에 e-제주영농조합은 제주도로부터 '친환경농업지구' 사업대상자로 선정되어서 '선과장(選果場) 및 친환경 농기계 장비'들을 지원받았다.

문근식 대표는 의욕적으로 무농약 유기농 방식의 감귤농사를 짓고, 직접 온라인 판매망을 구축해 감귤을 판매해보았다. 그런데 시장의 반응은 오히려 이전보다도 좋지 않았다. 감귤에서 한라봉으로 품목을 바꿔보아도 반응은 여전히 싸늘했다. 문 대표는 다시 품목을 레몬으로 바꿨다. 그제서야 소비자들로부터 괜찮은 반응들이 오기 시작했다. 이유가 무엇이었을까? 문 대표는 레몬이 당도에 영향을 받지 않는 작물이라서가 아닐까 싶다고 말한다. 어쨌든 그때부터 문 대표는 열다섯 농가 정도를 모아서 본격적으로 레몬 재배를 시작했다.

 작목을 레몬으로 전환한 것은 우연이 아닌 필연이었다. 문 대표는 장벽에 부딪힌 감귤을 그냥 포기해버릴 수는 없었다. 한라봉으로 바꾼다고 해결되지도 않았다. 유통구조의 변화가 절실한 시점에서 문 대표는 직감적으로 '잘되는 품종' 대신 '새로운 품종'을 찾았던 것이었다. 결국 새로운 도전은 새로운 길로 이어지게 된다.

비상품과실과 잉여농산물에서 길이 보이다

 레몬의 경우 아직 본격적인 국내 재배가 이뤄지지 않은 때였다. 물량이 많지 않았던 덕분에 국내산 레몬은 첫해부터 전량을 다 소화해냈다. 레몬은 저장력도 좋아서 비용이 적게 들었다. 물론 감귤에 비하면 단위면적당 수확량은 적었지만 인건비 부담 또한 적었기 때문에 수익을 내는 것은 감귤과 엇비슷했다.

 과수농사에서 항상 문제가 되는 것이 '비상품 과실'(흠집이 난 과실, 병해충 및 조류 피해 과실, 작은 과실, 모양이 약간 비뚤어진 과실)의 처리와 잉여 농산물의 처리이다. 여기저기 비상품 과실을 처리할 수 있는 방법을 모색했다.

때마침 이롬 황성주생식에서 생즙용 냉동감귤을 의뢰받았다. 문 대표처럼 감귤농사를 짓는 사람에게는 귤을 까는 것쯤은 단순하고 쉬운 작업이지만, 이롬 측에서는 일일이 귤을 까는 것도 비용과 시간이 꽤 들어가는 힘든 공정이었다. 1년 내내 귤을 까는 작업을 해야 하는데, 특별한 개선책이 필요했다. 고민 끝에 얼음공장을 임대해서 감귤을 까고 냉동처리하는 방식으로 문 대표 측에서 그 공정을 맡기로 했다. 얼음공장을 빌리는 것도 여의치 않아서 다른 영농조합의 예냉고를 빌려서 저장했다. 3년차에 사비를 들여서 작은 규모지만 냉동창고를 지었다. 그렇게 점차 공정을 개선하고 작업환경을 바꾸면서 '진피건조사업'을 병행하게 되었다. 화학농약과 제초제를 사용하지 않고 만든 친환경 감귤껍질(진피)은 한방에서 약재로 사용할 만큼 비타민 C와 구연산이 풍부하고 비타민 P 성분도 다량 함유하고 있다. 일상에서도 진피를 믹서기로 가루를 내서 민감성 피부의 세안, 팩, 입욕제로 사용할 수 있고 빵을 만들 때나 차(茶)처럼 마시기도 한다. 이러한 다양한 활용처 덕분에 e-제주영농조합은 풀무원, 웰팜, 푸드웰, 토마토영농법인, 옴니허브, 나눔제약, 새롬제약, 아모레퍼시픽 등 다양한 거래처를 확보하기에 이르렀다.

특히 주목할 만한 것은 거래처가 늘어나면서 물량 확보를 위해, e-제주영농조합에서 제주도 전체 비과실 농산물의 50퍼센트를 수매, 500톤

문근식 대표가 농장 곳곳에 직접 그려놓은 레몬 그림.
화사한 그림 덕분인지 농장이 마치 공원처럼 느껴지기도 한다.

규모에 달하는 물량을 처리하게 되었다는 점이다. 흔히 비과실 농산물은 처리하기도 어렵고, 혹 처리를 한다고 해도 제값을 받지 못하고 헐값에 처분하는 것이 보통이다. 그런데 문근식 대표는 비과실 농산물을 수매하면서 제주도에서 가장 높은 가격으로 사들이고 있다. 전체 물량의 절반을 차지하는 문 대표가 최고가에 사들이면서 자연스럽게 비과실 농산물의 '가격 결정권'을 문 대표가 쥐게 되었다. 거래하는 기업체 입장에서는 불만일 수 있지만, '농사짓는 사람'의 입장에서는 더할 나위 없이 좋은 조건인 셈이다.

"감귤농사를 시작하고 나서 가장 보람을 느낀 일입니다. 과수농가의 최대 고민을 해결하게 됐으니까요. 거래처에서는 '비상품 과실'인데 왜 이리 비싸냐고 따지지만, 거꾸로 생각해보면 지금은 냉동감귤이나, 진피사업을 위해서 알맹이를 버리고 껍질을 얻고 있는 셈이기도 하거든요. 농가의 입장을 대변하고 수익을 나눌 수 있게 돼서 정말 기분 좋더라고요. 뿌듯하고 또 고맙고 그렇습니다."

시련은 반드시 기회를 가져다준다

2007년 9월, 오키나와 남동쪽 해상에서 머물던 태풍 '나리'가 북상했다. 발생한 지 24시간 만에 태풍은 중심기압 960hPa, 강도 '강'의 태풍으로 급속도로 발달했다. 중심부근 최대 풍속 초속 50m였던 태풍은 그대로 제주도를 강타했다. 물이 잘 빠지는 토양 덕분에 좀처럼 홍수가 나지 않는 제주도지만, 당시 제주도에는 시간당 100mm의 폭우가 쏟아지면서 하천의 범람과 산사태, 급류로 밀려 내려온 토사에 의한 피해 등이 발생했고 13명이 사망하고 1명이 부상하는 큰 인명피해를 냈다.

이때 문 대표의 600평짜리 하우스 시설도 완전히 통째로 사라졌다. 하우스가 있던 자리는 완전히 빈 공터가 되어버렸다. 엄청난 자연재해 앞에 문 대표는 3일 동안 넋을 잃고 그저 울기만 했다. 4일째 되던 날 문근식 대표는 문득 하우스가 있던 자리를 둘러보았다. 하우스뿐만 아니라 그 주변까지 해서 거의 천여 평에 가까운 땅이 새로 생겼다는 생각이 들었다.

"마침 더 큰 냉동창고와 이러저런 시설이 필요했었는데, '오히려 잘 됐다'고 마음을 고쳐먹었습니다."

태풍 피해를 복구하면서 문근식 대표는 이것을 다시 한 번 도약하는 계기로 삼았다. 즉 단순가공의 형태에서 한발 더 나아가, 직접 친환경 농산물 가공품을 생산해보자고 결심한 것이었다. 지금은 많은 업체들이 '냉동감귤'과 '진피'를 사주지만, 언제 어떤 이유로든 거래는 중단될 수 있는 것이기 때문이었다. 나름대로 국내외의 식품전시회 등을 찾아다니며 정보를 수집하고 식품가공업을 준비했지만, 농업인의 시각에서 더 벗어나기 힘들었다.

결국 문 대표는 2010년 자기부담 3억에 도에서 4억을 보조받아 총

사업비 7억 원 규모의 '제주도 친환경 농산물 복합가공공장'을 준공했다. HACCP(위해요소 중점관리기준) 생산설비를 갖춘 친환경농산물 복합가공센터가 세워짐으로써 이제는 1차 단순가공에서 벗어나 여러 가지 친환경농산물을 활용해 직접 다양한 가공제품을 생산하는 능력을 갖추게 된 야심찬 도전이었다. 하지만 기계 설비를 들여놨다고 해서 당장 제품이 나오는 것이 아니었다. 좋은 제품의 생산은 하드웨어가 아닌 소프트웨어 즉 '연구개발 능력'에 달려 있었다.

문 대표는 농산물 가공식품의 개발을 위해서 먼저 한라대학 창업보육센터에 'e제주바이오텍(ejeju bio-tech)'이라는 연구소를 개설했고, 다시 제주 테크노파크로 연구소를 이전했다. 식품가공 전문가인 석사급 인력을 채용하고 특히 원천기술에 대한 특허를 가지도록 방향을 세웠다. 그것이 제품의 지속성과 안전성을 확보하는 길이라고 생각했다. 이렇게 연구개발에 치중한 결과, 실제로 e-제주영농조합은 양채류 RIS사업, 농공상용합형 기술개발사업, 재래귤 항염증 천연물질의 발굴 및 제품화사업 등 각종 연구과제 수행을 통해 원천기술을 확보했다.

"만약 태풍이 오지 않았다면, 그대로 주스가공이 잘 돌아갔다면 아마도 저는 지금 농부가 아니라, 농업경영인이 아니라, 주스 공장의 노동자로 살고 있을 겁니다."

태풍이 날려버린 하우스는 빈 땅이었지만 동시에 기회의 땅이 되었다. 비단 2007년의 태풍뿐만 아니라 농사를 시작하고 나서 지금까지 해온 모든 일들이 다 시련을 바탕으로 세워진 것이었다. 문근식 대표는 여러 가지 시련과 어려움을 겪으면 반드시 해결책도 뒤따라왔다고 말한다. 그저 주문을 받고 가공을 해주는 데 머물지 않고 직접 연구기술을 획득하고 직접 제품의 개발과 가공생산까지 뛰어든 것도 시련을 극복하려는 과정에서 찾아낸 해답들이었다. 물론 그 모든 과정은 결코 쉽지 않았다. 하지만 문 대표는 '더 나은 가치'를 찾으려고 했고 찾아낸 가치에 '부응'하려고 노력했다. 일반 농산물보다 헐값에 팔려나가는 '비상품 과실'을 보면서도 '그래도 저게 다 무농약으로 지은 건데, 다 친환경이고 좋은 성분이 많은데 그냥 저렇게 헐값에 넘기는 것 외에 다른 방법은 없을까?' 고민했던 것부터가 그 시작이었던 셈이다.

세 딸과 함께 일할 날을 꿈꾸며 : '내 딸에게'

제주시 조천읍 삼양동에 자리한 e-제주영농조합을 찾으면 가장 먼저 눈에 띄는 것이 건물 외벽에 예쁘게 그려진 여러 가지 그림들이다. 문근식 대표의 초상화를 비롯해서 레몬 그림, 감귤 그림, 일하는 농부의 모습 등 여러 그림들이 건물의 벽면마다 그려져 있다.

"제가 딸이 셋인데, 나중에 어떻게 하면 딸들과 같이 일할 수 있을까, 이게 가장 고민입니다. 딸들에게 삽을 들고 농사를 지으라고 하는 게 아니고, 어떤 방식이 되도 좋으니까 아빠의 농장과 관련을 지어서 일하게 하고 싶은 거지요. 딸들이 더 자라면서 각자 자신의 길을 찾고 그러면 또 구체적인 방법도 나오겠지만, 우선은 '농장이 무조건 예뻐

감귤주스병에 직접 고안해서 넣은 '내 딸에게' 문구.
제품 하나에도 딸에 대한 마음을 담을 수 없을까 고민하다가 생각해냈다고 한다.

야 한다' 그렇게 생각하고 그림 작업을 했습니다."

문 대표는 직접 자신의 초상화를 그려서 그것을 아예 제품 로고로 삼았다. 브랜드 명도 '내 딸에게'다.

내 딸에게.

아빠가 농사지은 감귤로만 만든 100% 감귤주스니 안심하고 먹길 바란다. 아빠가 농부로서 해줄 수 있는 최선의 선물이란다. 사랑한다.

농부이자 아빠의 진심이 느껴졌다. 그 어떤 것보다 가장 효과적인 광고는 바로 '진심'이 아니던가. 문 대표는 e-제주영농조합이 대를 이어 백 년이 넘도록 영속하는 '장수기업'이 되기를 꿈꾼다.

어떤 방식이 될지는 모르지만 딸들과 함께하려면 예뻐야 하고 시스템도 있어야 한다고 생각하는 것도 그 때문이다. '내가 먼저 정도(正道)를 걸어야 한다'고 다짐하는 것 또한 그 때문이다. 가업을 잇는 것은 기업을 물려주는 것이 아니라 '가치'를 물려주는 일이라고 믿기 때문이다.

작년 여름에 천안연암대학에서 귀농자 3명이 3주간 체험교육을 온 적이 있었다. 문 대표는 그때, 농사요령이나 사업 노하우가 아니라 삶과 가치를 전해주고 싶은 강한 충동을 느꼈다고 한다.

"처음부터 땅 사지 말라고 했습니다. 빈집을 고쳐서, 그것도 사글세로 살라고 했어요. 농사도 임대해서 계약 재배하고요. 그렇게 살 수 없는 마을이라면 거기 가면 안 되는 거예요. 왜 그렇게 말하냐면 농부의 삶은 더불어 같이 사는 거거든요. 그런데 사람은 안 보고 혼자서 준비 다 해가지고 가서 혼자만 즐기고 살면 그게 무슨 귀농이냐는 겁니다."

문근식 대표의 말이 세게 머리를 때렸다. 농촌에서 행복해지는 법은 다른 데 있는 것이 아니었다. 사랑하는 사람들과 어울려 그렇게 서로 함께 살아가는 곳, 우리는 그것을 '농촌'의 매력이라고 말하지 않았던가. 하지만 실상은 농촌에 가서도 '도시'의 사고방식과 도시에서 하던

농장 벽면 여기저기에 그려진 그림들.
문근식 대표가 언젠가 딸들과 함께 일할 수 있는 예쁜 농장을 꿈꾸며 그린 그림들이다.

대로 나 개인만을 바라보며 살기 십상이다.

　문근식 대표는 좀 더 나이가 들어서 자신이 갈 수 있는 인생의 최정상에 올라섰을 때쯤 마지막으로 하고 싶은 일이 바로 '교육사업'이라고 했다. 베풀고 싶기 때문이란다. 농사를 지으면서 터득한 모든 것, 무엇보다 문 대표 자신이 느낀 행복과 가치를 다른 사람들에게 나누고 싶다고 했다.

　다음번에 다시 e-제주영농조합을 찾으면 벽면에는 또 어떤 그림이 그려져 있을까? 벽에 그려진 문 대표의 초상화 그림이 활짝 웃고 있었다.

문근식 대표는 2000년에 후계농에 선정되었고 현재 제주시 조천읍 삼양동에서 감귤과 레몬을 재배하며 e-제주영농조합법인의 대표로 일하고 있다. e-제주영농조합은 현재 제주도 비과실 상품의 50%를 수매하여 기업체에 납품하고, 직접 가공식품을 생산하고 있다.

보성 녹차배농원 조효익 대표
농사꾼?!
이제는 농업전문경영인의 시대!

나는 성공할 때까지 멈추지 않을 것이다. 언제나 다음 걸음을 내디딜 것이고,
설령 그것이 헛되이 끝난다 해도 다음, 또 다음 걸음을 뗄 것이다.
한 번에 한 걸음은 결코 어려운 일이 아니다.
작은 시도들이 모이고 모여 결국 일이 완성된다는 것을 나는 알고 있다.
오그 만디노(Og Mandino)

벌교와 녹차 그리고 배농사

부드럽게 굴곡진 남도의 산자락이 곱게 유혹하는 곳, 완만하게 솟은 산과 평평하게 뻗은 평지를, 저 멀리서부터 불어오는 해풍(海風)이 휘돌아 감싼다. 바로 전라남도 보성군 벌교의 풍경이다. 조정래의 대하장편소설 『태백산맥』과 '꼬막'으로도 널리 알려진 곳, 벌교. 바로 이곳 벌교에서 녹차배농원을 경영하고 있는 조효익 대표는 바로 이 벌교에서 태어나서, 벌교에서 자랐고, 지금도 벌교에서 살고 있는 후계농업인이다.

벌교를 쭉 지켜온 덕분에 그는 유달리 많은 '최연소' 타이틀을 가지고 있다. 최연소 청년회장, 최연소 이장, 최연소 영농조합장 등등이다.

녹차배농원의 배는 따뜻한 기후와 비옥한 토질에 녹차를 결합해 국내 최고 품질을 자랑한다.

함께 자란 친구들은 대부분 도시로 나가 일 년에 한두 번, 명절 때나 되어야 고향을 찾지만, 그는 우뚝 선 나무처럼 여전히 고향에 자리 잡고 살고 있다. 그 역시 도시로 떠나고 싶은 생각을 해본 적은 없었을까? 불쑥 우문(愚問)을 던져보았다.

"군을 제대한 직후에 아버지께서 몸이 안 좋아지셨습니다. 얼마 지나지 않아 돌아가셨습니다. 평생 농사지으면서 고생하신 어머니만 홀로 남겨둘 수는 없었습니다. 배농사도 할아버지 때부터 이어온 건데, 도시에 나가 다른 걸 찾기보다는 계속 이어온 배농사니까 나도 해보자는 생각이 들었습니다."

부모님에 대한 마음이 그를 배농사의 길로 이끈 셈이다. 그냥 배농사가 아니었다. 거기에는 할아버지로부터 이어져온 부모님의 삶이 고스란히 담겨 있었다. 농사를 선택하는 건 '가족'을 선택하는 것과 같았다. 힘들고 어려운 선택이 아니라 자연스럽고 당연한 선택이었다.

조효익 대표는 스물세 살 때 후계농 지원자로 선정되었다. 그는 후계농업인 교육을 받으면서 읽었던 책 중에, 『거북선 농업』이라는 책이, 무엇보다도 농사를 처음 시작하던 자신에게 커다란 힘이 되었다고 했다.

덮개가 있는 배로 거북선이 다른 목선과는 다른 독창적인 배였던 것처럼 조 대표 역시 벌교라는 땅에서만 키울 수 있는 독창적인 배를 키워보고자 했다. '보성녹차배'는 바로 그렇게 영글어갔다.

"보성에 녹차바람이 한창이었어요. 녹차 아닌 다른 건 생각도 못할 때지요. 다른 걸 재배하는 사람 입장에서는 그게 장벽이라면 장벽일 수도 있는데, 한번 같이 가보자 싶더라고요."

조효익 대표는 벌교 지역에 대한 조사부터 다시 시작했다. 보성은 전국에서 가장 빨리 꽃이 피는 지역이다. 게다가 벌교는 바다에서 약 1km밖에 떨어지지 않아 해풍을 바로 받는 곳이다. 여기에 보성의 특산물인 녹차를 결합한 것이다. 그는 녹차를 우려낸 물로 방제작업을 하며 녹차와 흑설탕을 배합, 엽면(葉面)을 살포하여 해충방제 효과를

보성녹차배를 길러내는 조 대표의 유기농 배밭.
유기농의 특성상 해충의 서식이 가능해 농장은 주변 농가로부터 멀리 떨어져 있다.

거뒀다. 또 10~11월 유기미량요소가 함유된 야산의 부엽토를 채취해 밑거름으로 사용했다. 온난다습한 기후와 미네랄이 풍부한 비옥한 토질에 녹차를 결합한 유기농 농법을 완성한 것이다. 유기농 녹차배라는 고유한 품질에, 전국에서 가장 빨리 출하할 수 있는 기후를 활용해 지리적인 이점까지 결합했으니 단연 경쟁력이 높을 수밖에 없다. 실제로 조 대표가 회장을 맡고 있는 보성배영농조합법인은 2008년부터 2011년까지 농촌진흥청에서 주관하는 '최고품질 과실 생산단지'로 선정되어 2010년 중앙 단위 품질 평가회에서 우수상을 수상하기도 했다. 또한 농수산부 주관의 '스타 팜'(대한민국 대표농장)에 선정되었다.

농부의 변신은 무죄

조효익 대표는 새벽 동틀 무렵이면 어김없이 일어나 농장을 돌아본다고 했다. 그 다음 집에 돌아와 씻고 두 딸아이를 학교와 어린이집에 보내면 벌써 그의 하루는 반나절이 지난 셈이다.

배나무 밭을 비롯한 농장 일을 하고 나면 영농조합 일을 처리해야 한다. 조합 사무실에는 쉴 새 없이 온갖 문의전화가 쏟아진다. 사람들을 만나야 하는 경우도 많다. 벌교읍이며 보성군 여기저기를 돌아다니다 보면 어느새 해가 저문단다.

"농사일이라는 게 육체적으로 힘듭니다. 갈수록 힘은 떨어지는데 갈수록 일은 많아진단 말입니다. 그리고 회사원처럼 매년 꼬박꼬박 연봉 인상이 되는 것도 아니에요. 땅이라는 건 심는 만큼 거두는 건데, 심을 수 있는 땅도 사실은 한계가 있거든요. 품질의 차이가 있을 수 있지만, 같은 면적이면 결국 같은 수입이라는 얘기죠."

조 대표는 짧지만 분명하게 농사의 한계를 지적한다. 듣고 보니 정말 그렇다. 설령 경작 면적이 늘어나고 기계화를 한다고 하더라도 기본적으로 사람의 몸에는 한계가 있지 않은가. 농사꾼이라 해도 세월을 이기지는 못한다. 왠지 냉정한 농사의 현실을 갑자기 마주친 것 같아서 마음이 조금 무거웠다. 해가 갈수록 농사가 힘들다는 말로 들리는 것 같기도 했다.

힘든 이야기를 하는 그의 표정이 전혀 힘들어 보이지 않는다. 그러면 어떻게 하느냐고 또 한 차례 우문(愚問)을 던졌다.

"한계를 보면 답이 나와요. 차근차근 준비해야죠. 배밭도 여러 가지 방법으로 해보고, 이를테면 하우스를 업데이트해보고 2차 가공도 하고 또 유통도 하고요. 이제는 농사라는 건 짓는 것이 50퍼센트, 파는 것이 50퍼센트예요. 인터넷 쇼핑몰도 그런 고민에서 했던 거고 배나무 분양도 마찬가지예요."

'한계를 보면 답이 나온다.' 정말로 한계에 부딪히고 극복해본 적이 없다면 말할 수 없는 명답이다. 어쩌면 농사는 혈기왕성한 젊은이로 하여금 늙고 힘이 없을 때를 대비하게 해주는 지혜로운 선생님이다. 농사는 차근차근 준비하는 것이라는 조 대표의 말에 고개가 끄덕여졌다.

2차 가공이나 유통의 문제를 고민하는 것도 같은 이유다. 유통의 문제를 해결하지 않고는 농사를 다 지었다고 할 수 없는 것이 현실이기 때문이다. 짓는 것 50퍼센트, 파는 것 50퍼센트. 그만큼 조 대표는 유통의 문제를 고민하는 중이다. '배'가 아닌 '배나무'를 분양하는 것도 유통망 확대를 위한 실험이었다.

그가 운영하는 농원에서는 일정한 금액을 내면, 배나무 한 그루를 분양한다. 분양받은 배나무는 분양받은 사람이 직접 수확할 수도 있고, 시간적 여유가 없는 회원은 농원에서 수확해서 택배로 보내주기도 한다.

"사람들이 배를 어떻게 생각하고 사먹느냐, 이게 중요하거든요. 결

보기에는 여느 농촌과 다른 점이 없어 보이지만, 2008년부터 3년 연속으로 '대한민국 최고 품질 과실 생산단지'로 선정될 만큼 일등 배의 산실이다.

국 판매라는 건 신뢰 문제니까요. 농사를 잘 짓는 것, 중요하죠. 그렇지만 잘 짓기만 한다고 해서 농사가 잘되는 건 아니죠. 그러면 2차 가공의 문제, 체계적인 방법은 뭘까, 어떻게 하면 소득을 안정적으로 가져갈 수 있을까. 그러면 또 판매의 문제, 결국은 경영과 사업적인 마인드를 고민할 수밖에 없어요."

아쉽지만 농산물의 품질(맛)만 좋으면 판매는 걱정하지 않아도 되는 시대가 아니다. 어쩌면 옛날이라 해도 마찬가지였을 것이다. '배를 어떻게 생각하고 사먹느냐'는 말뜻은 생산자와 소비자가 어떤 관계냐 하는 뜻이다. 모두가 농사지으며 한 마을에서 살던 시절에는 '철수네 쌀', '영희네 배' 하는 식으로 서로가 믿고 먹었을 것이다. 오히려 생산자는 사라지고 농산물만 배송하는 지금이야말로 생산자와 소비자의 신뢰가 더욱 절실하지 아닐까. 판매는 신뢰문제라는 조 대표의 말처럼 말이다. 더 나아가 조 대표는 '농부'에 대한 이미지도 이제 새로워져야 한다고 말한다.

농사를 짓는다고 했을 때 흔히들 연상하는 것은 햇볕이 내리쬐는 논이나 밭, 과수원에서 밀짚모자를 쓰고 땀을 뻘뻘 흘리며 일하는 모습일 것이다. 하지만 반은 맞고, 반은 틀리다. 우선은 농기계의 도입과 농산물 관련 시설의 현대화다. 재배한 농산물은 모두 과학적인 수치를 내서 관리하고, 그 수치를 분석해서 보완점을 찾아야 한다. 각종 실험과 분석, 현대적인 장비를 통한 관리가 무엇보다 중요한 것이 바로 농사다. 농사꾼, 즉 농부의 모습도 달라졌다는 것이다. 지금의 농부는 훌륭한 생산자이자, 관리자이고, 판매자이자 경영자여야 성공한다. 조효익 대표의 이야기를 계속 들으면서 그가 점점 진화하고 있는 것도 바로 이런 이유 때문이 아닐까 생각해보았다. 농사일 자체는 힘들고 어렵지만, 그는 그러한 한계를 돌파해가며 여전히 진화하고 있는 것이다.

농부의 삶, 농부의 하루

올해 서른일곱 살인 조효익 대표와 같이 이야기하면서 농업 외 주제로 공감했던 것은 '육아' 문제였다. 도시나 농촌이나 태어나서 자라고 결혼해서 애 낳고 그렇게 가족을 이루고 살아가는 모습은 크게 다르지 않은 까닭이다.

사람들이 농촌생활을 꺼리는 이유 중에 하나는 육아를 비롯한 교육 문제다. 조 대표는 초등학교 1학년과 어린이집에 다니는 두 딸을 키우고 있다. 2011년 현재 우리나라의 도시화 비율은 91퍼센트에 이른다. 사실상 우리나라 거의 모든 곳이 이미 도시다. 농촌이라고 환경이 나쁠 것이라는 편견은 말 그대로 편견이다. 지역적인 환경의 차이가 도시냐 농촌이냐에 따라 결정되는 것은 아니라는 뜻이다.

"이제 농촌은 더 이상 시골이 아니에요. 농촌이라고 해서 도시와 다른 건 없어요. 집집마다 차 두 대씩은 있고, 마트 가서 장보고, 위성TV다 보지요. 그런데 여전히 사람들은 도시와 농촌이 많이 다르다고 생각하는 것 같아요. 이미지죠."

이미지라는 그의 말이 인상적으로 들렸다.

"강연 같은 데를 나가면 꼭 하는 말이 있습니다. 자신의 이미지를 관리하라는 겁니다. 옷 입는 것도 그래요. 농사짓는 사람이 무슨 옷 입는 걸 신경 쓰냐고 하지만, 이제는 다릅니다. 도시나 농촌이나 사는 건 사실 별 차이가 없어요. 일하는 것도 그렇고요. 농사짓는다고 해서 옛날처럼 주먹구구식으로 하지 않습니다. 그렇게 할 수도 없고요. 오히려 웬만한 다른 분야보다 훨씬 더 현대적이고 과학적인 게 농사죠. 모든 게 다 바뀌는데 농촌의 이미지만 예전 그대로일 수는 없습니다. 농사짓는 사람들도 바뀌어야죠."

어쩌면 농사짓는 사람은 이미 바뀐 것 같다. 오히려 바뀌어야 할 사람들은 도시 사람들이 아닐까. 농촌에 대한 편견, 농사짓는 사람에 대한 편견은 더 이상 농촌에는 남아 있지 않는 것 같았다.

농업을 선택한 또 다른 이유, 가족

영농조합 사무실을 나와 조 대표의 집을 지나 그의 유기농 배밭으로 갔다. 유기농은 주변 다른 농가에 병충해 피해를 줄 수 있기 때문에 일부러 다른 밭에서 멀찍이 떨어진 외딴 곳이라야 한단다. 한참 경사진, 구불구불 흙과 돌이 널린 좁은 길을 지나서야 널찍한 그의 배밭이 나왔다. 배밭 옆에는 그의 증조부, 조부, 부친의 산소가 있었다.

"여기가 처음부터 대대로 배농사 짓던 곳이에요. 유기농으로 하니까 손도 제일 많이 가고, 힘도 제일 많이 들죠. 어제도 어머니랑 둘이서 배에다 일일이 덮개를 씌웠어요. 그런데 도저히 여기는 포기를 못하겠더라고요."

아버지가 위독해지고, 고생하던 어머니를 떠올리며 시작한 농사라던 그의 말이 순간 겹쳐져서 떠올랐다.

"애들 데리고 종종 여기 올라오면 마음이 참 편안해요. 애들도 좋아하고요."

그를 농사일로 이끌었던 건 결국 '가족의 힘'이 아닐까. 그는 농촌을 떠날 수 없었던 것이 아니라, 가족의 곁을 떠나지 않았던 것이다. 조 대표의 모습을 보며 문득 이런 생각을 해보았다. 도시에 살면서 과연 가족들과 하루 종일 함께 일하며 어울려 살 수 있는 직업이 얼마나 될까? 농촌에서의 삶이란 결국 가족이 함께하는 삶, 가족 같은 이웃들과 함께 어우러지는 공동체의 삶이 아닐까.

대강 농원 일이며 조합 일을 보고 나면 오후에는 곧잘 유쾌한 술자리가 벌어진단다. 마을 이장이기도 한 그에게 사람들이 이런저런 이야기도 털어놓고 또 여러 가지 소소한 일들을 서로 나누다보면 자연스럽게 술 한잔 걸치게 된다고.

"우리 마을만 해도 50~60가구인데, 한 해에 10명 정도 새로 이사를

'농업전문경영인'으로 여전히 배우고 성장하고 있다는 조효익 대표.

와요. 적지 않은 비율이죠. 그런데 솔직히 그 중에 한 명은 돈을 보고 오거나 좀 부정적인 의도를 가지고 오기도 해요. 경계할 수밖에 없죠."

마을에 젊은 사람들이 더 많이 오면 좋겠다는 말에 조효익 대표가 말했다.

"적응을 잘하는 사람은 정말 잘해요. 뭘 가르쳐줄 필요가 없어요. 그런데 적응을 못하는 사람은 또 너무 못하더라고요. 농촌에서 사는 건 여유가 있어서 좋은 건데……."

말을 더 잇지 않았지만, '여유'라는 단어가 내내 뇌리에 남았다. 그 여유는 결국 마음에서 비롯되는 것이리라. 여유로운 마음이야말로 농촌에서 변하지 않는 농촌의 인심일 것이다.

　가족 그리고 여유로운 마음. '농업전문경영인'으로서 여전히 성장하고 있는 그의 일과 삶속에는 가족과 여유로운 마음이라는 이 두 가지, 보이지 않는 '비결'이 담겨 있는 듯했다.

조효익 대표는 2004년 후계농으로 선정되었고, 전라남도 보성군 벌교읍 장좌리에서 보성녹차배농원을 운영하고 있다. 2009년부터 보성녹차배영농조합법인 대표로 일하고 있으며, '녹차골 보성배'는 탑푸르트배 전국품평회에서 2년 연속으로 우수상을 수상했다.

양구 야채달콤농장 이동욱 대표
한 젊은 농부 가족의 달콤한 채소밭 혁명

자연은 자연을 사랑한 마음을 결코 저버리지 않는다. 우리의 일생 전체를 통해서 즐거움에서 즐거움으로 인도해주는 것은 자연의 특권이다.
윌리엄 워즈워스

강원도 양구군 남면 대월리를 찾았다. 마을의 원래 이름은 '대울'이라 불렀고 행정구역상 명칭은 '죽리'다. 취재차 찾았을 때에는 이른바 '배꼽축제'가 한창이었다. 뜬금없이 무슨 배꼽일까? 동경 128°02′02.5″, 북위 38°03′37.5″ 바로 대한민국 상하좌우의 한복판, 즉 국도의 정중앙에 자리한다고 해서 양구군에서 해마다 '2012 국토정중앙 청춘양구 배꼽축제'를 열고 있다.

우리나라에서 해발고도가 가장 높은 고산지대에 속하는 양구 지역은 평균기온이 가장 낮고, 강수량 또한 적은 편이다. 2003년 일반에게 공개된 민통선 안의 '두타연'은 50여 년간 사람의 출입 없이 보존된 원시림을 보는 듯한 청정림으로 유명하다. 또한 한국전쟁 당시 화채그

감자 수확이 한창인 야채달콤농장의 하우스 내부 모습.

릇(punch bowl)을 닮았다고 하여 '펀치볼'로 이름 붙여진 해안면 일대는 해발 1,000미터가 넘는 고지들 사이로 펼쳐진 우리나라 최대의 분지지역이다. '파로호' 역시 빼놓을 수 없는 명승지로 전국의 낚시꾼들이 즐겨 찾는다.

해방 후 공산 치하에 있다가 한국전쟁 당시 치열한 격전지이기도 했던 양구 지역은 이제 전쟁의 아픔을 씻어내고, 미래 통일한국 시대를 바라고 준비하는 새로운 채비를 하고 있었다. 살고 있는 동네에서 차로 가면, 금강산까지 불과 25분 정도밖에 걸리지 않을 것이라는 '야채달콤 농장' 이동욱 대표의 설명에 새삼 놀라지 않을 수 없었다.

고향에서 살아가는 것은 사명이 아니라 축복

양구가 고향인 이동욱 대표는 양구종합고 농업과를 졸업하고 일찌감치 농업에 투신한 후계농이다. 양구는 인구 2만의 작은 군(郡)이지만, 이 대표는 지역사회에서 큰 버팀목 역할을 하고 있는 젊은 농부이기도 하다. 천안연암대학 원예학과를 거쳐 2002년 한국농업대학 채소학과를 졸업하고 남면 대월리에 정착한 이 대표는 현재 한국농업경영인 연합회 양구군연합회 대외협력부장, 양구친환경농업인연합회 사무국장으로 활동 중이다.

예쁘게 리모델링한 이 대표의 집이 먼저 눈에 환하게 들어왔다. 주

주변 풍경을 해치지 않고 소박하게 리모델링한 이 대표의 전원주택.

로 하얗게 칠하고 기둥과 지붕을 나무 느낌이 물씬 나는 갈색으로 칠한 집은 단층이지만 외국의 휴양지 별장에 온 것 같은 기분이 들었다. 나지막한 언덕 길 옆에 자리한 집 옆에는 야채달콤농장의 재배시설이 위치해 있고, 길 건너편에는 옥수수밭이 있어서 하나하나가 잘 어울리는 한 폭의 예쁜 전원 풍경을 만들어내고 있었다.

'나도 이런 집을 가질 수 있을까?' 문득 이런 생각이 들 정도로 예쁘고 아담한 집이었다. 주변의 풍경과 어우러진 이 대표의 집은 보는 것만으로도 기분이 아늑하고 편안했다. 현관에 놓인 유모차가 마치 영화 속 소품처럼 느껴질 만큼.

세 돌과 8개월 된 두 아들, 아내와 어머니를 모시고 살고 있다는 이 대표는 부산원예시험장의 딸기 육종장에서 일하며 부산에서 머문 적도 있었지만, 태어나서 자란 양구로 다시 돌아와 줄곧 농사를 짓고 있다. 농산물 직거래망인 인터넷 쇼핑몰을 맡고 있는 아내 최윤정 씨는 양구가 아닌 평택 지역 출신이라고 한다. 문득 이동욱 대표가 양구로 돌아온 까닭이 무엇이었는지 궁금해졌다. 그가 살아온 배경이나 실력을 봤을 때, 어쩌면 다른 지역에서 농사를 지었다면 훨씬 쉽고 빠르게, 또 더 크게 성공할 수 있지도 않았을까?

"고향이니까요. 고등학교 이후로 계속 농업을 공부하면서, 대부분이 농사짓는 사람인 양구도 지속 가능한 농업을 통해 지역사회의 발전을 이뤄내면 좋겠다고 생각했습니다."

고향, 태어나서 자란 곳. 도시에서 사는 사람들이 잃어버린 것이 있다면 그중 하나는 고향에 대한 애틋함이다. 어린 시절을 추억할 뿐 아니라, 오늘의 나를 있게 한 고향. 오늘날의 사람들에게 고향은 그저 이리저리 옮겨 다니 수많은 장수들의 출발점에 불과한지 모른다. 사람들은 더 이상 고향이라는 것 자체만으로 특별한 이유를 찾지 못하는 까닭이다.

양구 지역 출신으로 양구에서 농사지으며 살고 있다는 것은 남들은 몰라도 이동욱 대표에게는 행복하고 소중한 축복이다. 이 대표는 양구 지역 전체의 농업 발전이 곧 자신의 농장 발전보다 더 소중하다는 신념을 갖고 있고, 뒤에서 살펴보겠지만 그는 실제로 그렇게 살고 있었다. 이 대표에게 농업이란 양구군 전체의 농업이며, 이 대표에게 발전이란 곧 양구 지역 농업이 발전하는 것을 뜻한다. 고향에 대한 애정이 없다면 도저히 불가능하지 않을까? 사랑하는 마음 없이 사명감만으로는 도저히 할 수 없어 보일 만큼 이 대표는 '양구의 농사꾼'으로 살고 있었다.

시스템 농업이 뭐기에

연암대학 원예학과 시절부터 이동욱 대표는 '시스템 농업'에 빠져들었다. 생산부터 시작해 유통과 판매에 이르기까지 체계적인 하나의 흐름을 갖추는 것, 바로 시스템 농업 속에 답이 있었다. 그것은 이 대표가 어릴 적부터 농사를 짓는 부모님의 모습을 보며 어렴풋이 느끼고 있었던 문제의식이기도 했다.

이동욱 대표가 바라는 것처럼 지역 농업이 일관적인 체계를 갖추기 위해서는 먼저 각각의 역할을 담당하는 농가들을 묶어낼 구심점이 필요하다. 또한 어디에, 어떻게, 무엇을, 얼마나 재배할 것인지에 대한 '계획농업'이 선행되어야 한다. 양구 지역의 경우에는 지역의 계절적 특성을 활용하는 판매 전략의 수립도 필수적이다. 계획과 생산, 재배와 가공, 유통과 판매가 서로 딱딱 맞아 들어가는 톱니바퀴처럼 잘 맞물려서 진행되어야 한다. 이것이 실현 될 때 자연스럽게 지역농업의 전반적인 성장과 발전이 이뤄질 것이다. 하지만 현실은 결코 녹록치

시스템 농법으로 엄격하게 품질 관리되는 방울 토마토.

않았다.

남면 대월리에 정착한 첫 해부터 이동욱 대표는 밀려드는 여러 가지 난관에 고전을 면치 못했다. 그해 여름 딸기로 첫 시작을 끊었지만 유통경로조차 제대로 확보하기 힘들었다. 영농조합법인에도 참여해보았지만 별다른 성과를 거두지 못했다. 계절적 한계를 극복할 대안을 마련해야 하는데 그것도 신통치 않았고, 교통여건도 좋지 못해 운송에도 어려움을 겪어야 했다. 여름 딸기 외에 방울토마토, 무, 쌈배추, 감자, 파프리카, 애호박, 대파, 멜론 등등 다양한 작물에 도전해봤지만, 문제는 역시 작물의 재배가 아니라 열악한 시스템이었다. 첫 3년간은 그렇게 실패를 거듭했다. 그러나 실패했다고 해도 실패를 통해 얻은 것은 있었다.

"아마추어와 프로의 차이를 느꼈다고 할까요? 땅을 임대해서 계약재배하는 것, 생산량과 수요의 상관관계, 노동력 확보와 운영, 재배 안

정성 문제 등 하나부터 열까지 참 어려웠습니다. 그런데 그러면서 맷집을 갖게 된 것 같아요. 물론, 초반의 어려움들은 뒤에 겪게 되는 어려움에 비한다면 시작에 불과했지만요."

양구군 친환경유통센터의 꿈

실패와 시련 속에 첫 3년을 지내고 이 대표는 시설원예와 수도작 영농을 주력으로 삼았다. 이 대표가 꺼내든 승부수는 '친환경농업'이었다. 지역의 특성을 잘 살리려면 역시 청정농업이어야 했다. 친환경농업인연합회 활동과 친환경연구모임을 통해서 기술과 인적 네트워크를 쌓기 시작했다. 2005년, 6,500평의 경작을 통해 거둔 연간소득은 5천만 원이었다. 그때부터 이동욱 대표는 양구군에 친환경농업을 보급하는 데 온 힘을 집중했다.

이 대표가 친환경농업인연합회 사무국장을 맡은 지는 올해로 6년차다. 이 대표가 사무국장이 되던 2006년, 양구군은 총 100억의 사업비를 들여서 '양구군 친환경농업지구 조성사업'을 시작했다. 그 내용을 보면, 왕겨팽년화시설 지원사업 1개소 100㎡, 친환경 축사 지원사업 2동 3,958㎡, 조사료 생산장비 지원사업 2개소 7,917㎡, 친환경 농자재 살포기 지원사업 2식, 원예용 공동육묘장 지원사업 2개소 2,000㎡, 미생물배양 지원사업 1개소 330㎡, 친환경 벼 저온저장시설 지원사업 1개소 332㎡, 산지유통시설 지원사업 1동 2,479㎡, 유기질퇴비시설

1동 2,310㎡, 경축자원화센터 1동 2,310㎡ 등 기반시설과 장비사업을 지원하고, 또한 친환경 농가와 농작물에 대한 품질검사와 인증을 거쳐 양구군의 농산물 통합브랜드인 '자연중심' 로고를 사용하도록 했다.

현재 양구군 친환경농업인연합회는 연 4억 원의 예산으로 350여 친환경 농가들과 함께 여러 사업을 추진 중이다. 예를 들면, 양구군 학교급식사업을 교육청 협의 중에 있고, 수도권 급식 쌀 45만 평 조성사업도 진행 중이다. 농자재 공급사업, 양구군 명품관, 박스디자인 사업, 작목반 컨설팅 등도 있다. 이런 식으로 친환경연합회가 진행하는 사업 분야로는 쌀, 축산, 채소, 과수 등을 총망라하고 있다.

친환경농업인연합회 사무국장 일만 하더라도 일이 많은데, 이 대표는 또 지자체가 운영하는 지역 농업인대학에서 강의도 맡고 있다. '부엽토 이용 미생물 제조법', '미네랄수 제조법', '독초 브랜딩 농약 제조법', '나프탈렌 초분상화 제조법', '천연제초 제조법' 등이 그가 가르치는 강의 제목들이다.

이쯤 되면 그가 일개 독자 농가인지, 아니면 양구군 친환경농업 담당 공무원인지, 양구군 친환경농업 교사인지 헷갈릴 정도다. 새벽부터 나가서 하우스를 돌보고 종일 수확물 포장작업, 출하작업을 한 뒤에도 친환경연합회 일과 사업들, 또 개인적으로 주변에 귀농해서 농사짓고 있는 귀농인들을 돕기까지 도맡아하고 있다. 이 대표를 아는 사람들은 '그냥 편하게 혼자서 먼저 가지, 왜 그렇게 여러 가지 일에 시간과 노력을 빼앗기냐'고 핀잔 아닌 핀잔을 주곤 한다. 또 어떤 사람들은 '자네 능력이라면 충분히 성공할 수 있으니, 다른 사람하고 같이 가려고 하지 말고 먼저 성공한 다음 다른 사람들을 끌어들여라' 하며 진지하게 충고해준 적도 많았다.

방울토마토를 즐겁게 수확하고 있는 할머니의 모습이 정겹게 느껴진다.

사람들의 충고가 한편 틀린 말은 아니다. 이 대표 역시 그런 고민을 할 때가 한 두 번이 아니었다. 각각의 형편과 능력과 여건이 다 다른 상황에서 서로의 의견을 조율하고 공동의 이익을 도모한다는 것이 어디 말처럼 그리 쉬운가. 유통과 판매에 관한 부분은 금전적인 이해관계가 얽혀 있기 때문에 좀처럼 모두가 만족하는 답을 내놓기가 어렵다. 인터뷰를 진행하는 동안에도 판매 가격에 대해 의논을 청하는 전화가 수차례나 걸려왔다.

"어떤 사람은 1,000원에도 만족하는데, 어떤 사람은 2,000원에도 만족하지 못하는 게 농사지요. 그렇지만 특히 물류비 같은 것은 농민 한 사람의 힘으로는 해결할 수 없는 영역입니다. 물류비뿐만 아니라 농사 자체가 그렇습니다. 결국 한 사람의 힘으로는 한계가 명확한 것이 농사입니다. 저도 고민이 많지요. 이렇게까지 하면서 같이 가야 하는가,

이 대표가 운영하는 야채달콤 쇼핑몰 안내 이미지.
야채달콤농장은 생산·관리·재배는 물론, 채소를
온라인에서 직접 판매한다.

"내 일도 아닌데 내가 왜 나서야 하는가, 특히 성과가 잘 보이지 않으면 정말로 밤잠을 못자고 끙끙 앓을 정도로 압박이 심한 때도 많습니다."

그런 압박과 스트레스에도 이동욱 대표가 물러서지 않는 것은 이 대표가 이해득실을 따지지 못하거나 사람들 사이에서 인정받기 위해서가 아니다. 이 대표가 생각하는 '농사'가 원래부터 그런 것이기 때문이다. 농사란 '함께 가는 것'이기 때문이고, 함께 가야만 하는 것이기 때문이라는 확고한 믿음, 바로 그 때문이다.

모두가 양구 지역에서 살아가는 농부들이기에, 한 사람 한 사람의 성공이 곧 양구 지역의 성공이라고 믿기에, 이 대표는 도무지 혼자서 가야 할 이유를 찾지 못한 것이다.

그런 이 대표가 꿈꾸는 것이 있다. '양구군 친환경유통센터'다. 친환경 농산물은 원가경쟁력이 아니라 품질경쟁력으로 승부해야 한다. 특히 양구 지역의 경우는 유통과 물류 문제를 잘 해결할 때만이 친환경 농업의 성공을 바라볼 수 있다. 이것은 바로 지역 전체가 함께 가야 하는 아주 현실적인 이유이기도 하다. 지역 농가 전체, 더 나아가 지역 생산자와 소비자 전체를 함께 아우르는 '친환경유통센터'의 성공이 없이는 양구 지역은 뛰어난 소수의 개인과 그렇지 못한 나머지 사람들의 '농촌 양극화'가 심화되고 말 것이기 때문이다.

달콤한 야채주스처럼

농장에서 갓 수확한 파프리카와 방울토마토를 갈아서 만든 주스를 내주었다. 달콤하면서도 신선한 느낌이 입 안에 가득 차올랐다. 한 모금 마셨을 뿐인데도 금세 입맛을 돋웠다. '야채달콤'이라는 농장 이름을 붙일 만큼 정말로 달콤했다.

2009년 서른 넷 늦은 나이에 결혼한 탓에 아직도 신혼 같은 부부는 딸을 꼭 얻고 싶고 셋째도 낳아볼 생각이라고 했다. 평택에서 양구로 시집온 이 대표의 아내 최윤정 씨는 양구에서 사는 게 좋다며 귀농을 하려면 양구로 오라고 웃었다.

귀농인들과 친환경농업을 시작하려는 농업인들의 일이라면 마치 내 일처럼 발 벗고 나서는 이 대표는 "귀농인들이 정말 잘 됐으면 좋겠다"는 말을 되풀이했다.

이 대표에게 양구는 기회의 땅이다. 이 대표는 틈만 나면 "양구로 오라"는 말을 하고 다닌다. 내 시간을 쪼개가며 귀농인들과 같이 시간을 보내는 것도 그렇다. 이 대표는 양구가 모든 이들에게 기회의 땅이 되

가격보다 가치에 농업의 미래가 있다는 이동욱 대표의 모습.

기를 원한다.

일단 기회를 잡으면 그 기회를 놓치지 않도록 도전하는 것 또한 이 대표의 특기다. 어려운 일일수록 더 소중한 기회라고 생각한다. 무슨 일이든 어려울수록 더 큰 힘이 된다고 믿는다.

후계농이기 때문에 병역특례요원으로 군복무를 마칠 수도 있었지만, 이 대표는 현역병으로 입대해서 군을 제대했다. 무엇인가 도전하고 더 배울 수 있다면 그것은 고난이 아니라 기회라고 믿기 때문이었다. 지역 활동도 마찬가지다. 이 대표는 지역의 여러 가지 일들을 통해서 자신의 단점을 발견하고 그것을 장점으로 바꾸려고 노력하는 계기로 삼으려고 한다.

귀농도 마찬가지다. 처음에는 어렵고 모르는 것투성일 수도 있다. 하지만 농사를 통해서 점점 더 자라는 것은 농작물뿐만이 아니다. 사람, 그렇다. 바로 사람이다. 이동욱 대표는 지금 돕고 있는 귀농인들이 또 자신을 자라게 해줄 것이라고 믿고 있다. 그러니까, 내 일 네 일이 없는 것이다.

어쩌면 농업은 가격이 아닌 '가치'를 구현하는 일인지도 모르겠다. 달콤한 야채처럼 살아가는 이동욱 대표의 모습을 보며 더욱 그런 생각이 들었다.

"아직은 눈에 보이지 않게 여기저기 흩어져 있는 상태입니다. 저는 그것들을 하나로 끌어 모을 수 있도록 힘을 보태는 것이고요. 통일이 되고나면 여기서 금강산까지는 차로 25분밖에 안 걸립니다. 그때는 정말 친환경 농업으로 양구가 대한민국 정중앙이 될 겁니다."

이것이 바로 이동욱 대표가 후손들에게 물려주고 싶은 미래다.

이동욱 대표는 2002년 후계농으로 선정되었고 강원도 양구군 남면 대월리에서 야채달콤 농장을 운영하고 있다. 한국농업대학 채소학과를 졸업하였고, 현재 양구군 친환경농업인연합회 사무국장으로 일하면서 양구 지역에 친환경농업을 보급하고 친환경농업 인프라를 조성하는 데 큰 역할을 하고 있다.

Section2
부농 프로젝트 - 농업 콘텐츠 혁신

지역에서 세계적인 농업 콘텐츠를 찾다

대구 한울농장 곽해묵 대표
사람은 모으고 농산물은 나눠 팔아라!

행복의 한 쪽 문이 닫힐 때, 다른 한 쪽 문은 열린다.
하지만 우리는 그 닫힌 문만 오래 바라보느라
우리에게 열린 다른 문은 못 보곤 한다.
헬렌 켈러

대구 팔공산은 예전부터 공산(公山), 중악(中岳), 부악(父岳) 등의 이름으로 불리며, 『삼국유사』와 『삼국사기』에도 여러 기록에 걸쳐서 소개하고 있는 명산이다. 특히 국보 14호인 은해사 거조암 영산전을 비롯해, 국보 109호 군위 삼존석굴 등과 같은 삼국시대, 통일신라, 고려 시대에 걸친 찬란한 불교 유산들이 모여 있는 곳이기도 하다.

경북 선산 출신의 한울농장 곽해묵 대표는 원래 공대를 졸업하고 환경기사로 일하던 공학도였다. 산업폐수와 공기정화 등 산업현장의 환경문제를 담당하던 그는 나름에는 긍지와 자부심을 가지고 일하던 참이었다.

어느 날 비보가 날아들지 않았다면 그는 여전히 오랜 경력을 쌓은

환경기사로 일하고 있었을지도 모른다. 곽 대표의 귀농은 사실 자발적이라기보다 우연한 사건에 가까웠기 때문이다. 처남과 장모님이 불의의 교통사고로 돌아가신 것이다. 나이 예순이 넘어 장성한 자식과 아내를 잃은 장인어른을 그대로 둘 수는 없었다. 평생 농사를 지으신 분인데 홀로 둘 수도 없었고, 도시로 모시기도 어려웠다. 곽 대표는 팔공산 농지에 수경재배시설을 설치해서 사위 자식을 아들 삼아 함께 살자며 장인어른께 허락을 받고 1995년 대구시 동구 미대동 팔공산 산자락으로 귀농했다. 30대 중반, 자본도 토지도 없는 상황에서 지금 돌이켜 생각해보면 무모한 선택이었다고 곽 대표는 회상한다.

그런 곽 대표가 처음 선택한 작물은 상추였다. 곽 대표는 책으로 혼자 독학을 하면서 일본의 수경재배 사례들을 공부했다. 상추는 대중성이 있고 45일 정도 지나면 수확할 수 있기 때문에 자금회전력이 빠른 작물이다. 곽 대표는 비록 상추가 금액은 적더라도 기민하게 대처할 수 있는 품종이라 여기고 친환경농산물 재배, 이왕이면 수경재배를 통해 승부를 걸어보기로 결심했다. 하지만 현실은 만만치 않았다.

농사 경력은 전혀 없었다. 자료를 찾고 혼자서 열심히 공부도 했지만, 그것은 어디까지나 머리로 한 공부일 뿐이었다. 농사 전문가의 도움을 받는 것도 아니었다. 서른 중반의 나이에 곽 대표는 혼자서 농사를 시작했다. 어쩌면 실패가 불을 보듯 뻔한 선택이었다. 그 선택을 가능하게 했던 힘은 어디서 나온 것일까. 환경기사로 일하면서도 자연에 대해 막연하게나마 가지고 있던 마음. 농부의 삶에 대한 마음 깊은 곳에서의 간절함 같은 게 있던 건 아니었을까.

무모한 도전과 실패 속에서 발견한 새로운 길

곽 대표는 아무것도 없이 그렇게 농사를 시작했다. 1994년 12월 31일 귀농한 곽 대표는 하나부터 열까지 일일이 새로 배워가며 일해야 했다. 하우스 시설을 짓는 것부터 막막했다. 짓고 나니 관리하느라고 또 애를 먹었다. 태풍도 아닌 작은 돌풍이 불었을 뿐인데 하우스가 무너지기도 했다. 우여곡절을 겪으며 드디어 1995년 3월, 상추와 미나리를 처음으로 수확했다. 곽 대표는 수확한 채소를 들고 공판장으로 달려갔다. 그러나 제대로 값을 쳐주는 곳은 단 한 군데도 없었다.

박스 값조차 나오지 않는 상황이었다. 차마 그 값을 받고 팔 수는 없어서 도로 들고 돌아오기는 했지만, 그때의 막막한 심정은 이루 말할 수가 없었다. 그렇게 여기저기 다니면서 판로를 고민하던 중에 곽 대표는 우연히 한 아파트에서 채소를 팔다가 쫓겨나는 어머니를 만났다. 그걸 본 곽 대표는 막걸리 두 잔을 걸치고 채소를 팔러 직접 도로변으로 나섰다. 자식 된 도리로 그렇게라도 하지 않을 수 없었단다.

그때 곽 대표가 발견한 것이 바로 '소포장'이었다. 곽 대표의 상추와 미나리가 싱싱하고 좋기는 한데, 한 번에 많이 사갈 필요가 없다는 손님들의 반응을 눈여겨본 것이었다. 150그램, 200그램 단위로 쌈채소를 소포장해서 들고 나갔다. 예상대로 반응이 좋았다. 자신감을 얻은 곽 대표는 새벽 4시에 일어나 농장 일을 보고 점심을 먹은 뒤에는 일일이 소포장 작업을 해서 대구 시내 매장들을 찾아다녔다. 당연하게도 이름 없는 일개 농사꾼을 반갑게 맞아주는 매장은 없었다. 하지만 언제까지나 도로변에서 지나가는 사람들을 상대로만 채소를 팔수는 없었다. 곽 대표는 판로를 개척할 방법을 모색하다가 '농산물 리콜제'를 생각해냈다. 즉, "팔고 남은 채소는 이틀 뒤에 다시 수거해가고 나머지는 새 것으로 교체해주겠다"고 제안한 것이다. 과감한 곽 대표의 제안에 한 곳, 두 곳 거래처가 생기기 시작했다. 일단 거래가 생기자 곽 대표의 쌈채소는 입소문을 타고 팔려나갔다. 새벽 2시에 자고 새벽 4시에 일어나는 생활을 그렇게 8년간 계속했다. 쌈채소의 신선도를 유지하기 위해서는 더 부지런히 거래처를 돌아다녀야 했다. 거래처는 계속 늘었고, 판매도 늘어났다. 곽 대표는 여기에 안주하지 않고 대구 시내 곳곳을 누비며 거래처를 확장해갔다. 그렇지만 급등하는 유류비가 문제였다.

　곽 대표는 품종 다각화를 위해서 새로운 작물을 시도하기로 했다. 주변사람들과 공동작목반을 결성해서 고추 농사를 지었는데, 그만 큰 낭패를 보았다. 그 다음에는 노란색 방울토마토를 재배했는데, 마침 중앙일보의 한 기자가 곽 대표의 농장을 소개하고 대구백화점에서 과일바구니에 같이 넣어서 판매하기로 했다. 그렇게 조금씩 자리를 잡아가는가 싶었는데, 2003년 여름, 태풍 '매미'가 올라왔다.

가혹한 시련은 또 다른 길을 낳고 - 친환경농업지구의 시작

한반도를 강타했던 태풍 매미는 경상남도 고성군에 상륙해 경상북도 울진으로 빠져나가며 주로 경상도 지역에 막대한 피해를 입혔다. 기록에 따르면 태풍 매미는 2003년 발생했던 모든 태풍과 허리케인, 사이클론 중에서도 가장 강력했다. 태풍 매미는 인명 피해만 132명, 재산 피해는 무려 4조 7,000억 원에 달하는 엄청난 피해를 입혔다. 곽 대표가 농사짓고 있던 대구 지역도 피해가 극심했다.

태풍 '매미'가 휩쓸고 지나간 곳은 말 그대로 자갈밭처럼 변해버렸다. 자갈밭만 남은 것이 아니었다. 태풍 매미는 곽 대표에게 커다란 빚더미도 남기고 가버렸다. 당장 결제를 하고 빚을 갚아야 하는데, 농장은 자갈밭이 되어버렸다. 8년을 앞만 보고 열심히 살아왔는데 처음 시작할 때보다 더 막막한 상황이 닥쳤다. 빚으로 시작했는데 더 큰 빚만 남은 것이다. 게다가 불행은 혼자 오는 법이 없었다. 태풍 피해 복구 지원비 2,300만 원과 융자금 2,600만 원으로 쓰레기더미가 된 진흙탕 물을 씻어내고 150평 수경시설을 복구하고 700평의 비닐온실을 신축했는데, 두 달 만에 비닐온실의 온풍기 고장으로 애호박 농사가 수확도 하기 전에 냉해를 입고 폐농됐다. 게다가 그 다음 해에는 때 아닌 춘삼월의 폭설로 상경하던 납품차량이 눈길에 뒤집혀 휴지조각처럼 구겨져 박살이 났다. 너무나 잔혹한 형벌 같았다. 벼랑 끝에 몰린 심정이었다. 모든 것을 다 포기하고 싶었다. 그렇지만 곽 대표는 죽을 용기를 내서 다시 살아보기로 결심했다. 거래처에게 사정을 설명하고

깔끔하게 정돈된 한울농장의 하우스 내부 모습.

양해를 구했다. 대신 결제는 15일마다 해주기로 약속했다. 당시는 거의 모든 유통업체들이 월 결제를 하던 시절이었다. 8년간 쌓아온 신용이 위기의 순간 빛을 발휘했다. 주변의 농가들도 힘을 보태주었다. 어려운 시절일수록 힘을 합치자며 영농조합법인을 만든 것도 그 무렵이었다.

이러한 위기를 겪으면서 곽 대표는 보다 더 장기적이고 안정적인 구상을 하게 되었다. 신토불이를 외치며 소비자의 애국심에 호소하는 것으로는 자유무역과 넘치는 수입 농산물의 거대한 파도를 넘을 수 없다고 생각했다. 웰빙(well-being) 바람을 타고 유기농과 친환경 농산물을 찾는 소비자의 요구도 무시할 수 없는 시대적 흐름이었다. 곽 대표는 친환경농산물의 산지규모화, 품질규격화와 유통단일화를 위해 생산단지조성과 육성이 필요하며 예냉 및 저온저장시설을 갖춘 현대적인 유통센터를 만들 '미대-내동 장기발전 프로젝트'를 갖춰야 한다고 여기저기 호소하기 시작했다. 농협, 시청, 구청, 지자체 의원과 농업 관련 기관을 찾아다녔지만, 모두들 현재의 여건에 충실하라고만 했다. 더욱이 한울농장이 있는 미대동 지역은 그린벨트와 상수원보호구역이었다. 어차피 신청해봤자 안 될 것이라며 지레 포기하려는 시청 관계자를 달래서 겨우 친환경농업단지 조성사업을 신청했다. 그린벨트와 상수원보호구역이니 오히려 정부가 나서서 자연환경과 상수원 보호를 위해 앞장서서 사업을 지원해야 하지 않겠느냐고 설득에 설득을 거듭했다.

관련 기관과 정부를 설득하는 것 외에도 함께하는 농가들의 협조도 중요했다. 친환경 농업은 한 농가만 무농약을 한다고 가능한 것이 아니기 때문이다. 나 혼자 약을 안 쳐도 옆에서 약을 치면 끝이기 때문에 주변 농가들과 힘을 모으는 일에도 적극적으로 나서야 했다. 평생 동안 농사일을 해온 주변 농가에 비해 귀농 출신인 곽해묵 대표는 경험이 부족한 사람으로 치부되기 일쑤였다. 그런 상황에서 친환경 농업을 하자며 사람들을 설득하고 뜻을 모으기란 결코 쉽지 않았다. 곽 대표는 '이론만이라도 내가 더 많이 알지 않으면 안되겠다'고 마음먹고 그때부터 친환경 벼 재배방법을 공부했다. 태평농법, 오리농법, 쌀겨농법, 참게농법, 미꾸라지농법, 새우농법 등 각종 친환경 벼 재배방법을 공부했지만, 지역 여건에 적절한 농법을 찾지는 못했다. 그러다 발견한 것이 바로 '왕우렁이 농법'이었다.

왕우렁이는 일본, 타이완, 필리핀 등이 원산지인 달팽이로 알은 한번에 350~1,200개를 부화한다. 녹색식물과 동물 사체를 먹는 잡식성이며, 부화 후 2~6년간 생존이 가능하다. 필리핀 등 열대 지방에서는 피해 사례도 발표되고, 우리나라에서도 월동으로 농작물 피해를 주거나 조류에 의한 초기 벼 피해를 주는 등의 단점이 있기는 하다. 그러나 왕우렁이 농법은 물이 차 있는 곳이면 잡초 관리가 잘 되어 90퍼센트 이상의 제초효과를 얻는 것으로 조사되었다.

곽 대표는 농협의 지원을 받아서 친환경연구회 회원 40여 명과 함께 밀양을 오가며 작물과학원의 영남농업연구소에서 자운영 벼 재배법을 배웠다. 우선 한울농장이 위치한 미대동 일대의 논이 화학비료와 농약 및 제초제에 의존하는 관행 농업으로 지력(地力)이 떨어지고 산성화되어 있었기 때문에 토양개량부터 시행했다. 화학비료를 대폭 줄이고 볍씨를 새 추정 벼로 단일화했다. 그 뒤 유기재배 채소인증 7농가와 무농약재배 쌀 48농가를 묶어 단지화해내는 데 성공하며 얻은 작은 성과였다. 계약재배와 친환경농자재 무상공급으로 변화를 두려워하는 농가를 격려했다. 농사자금이 부족한 농가는 곽 대표 개인이 농협에서 대출받은 자금을 무이자로 빌려주고, 빌려준 원금은 출하농산물에서 조금씩 공제해가며 모든 힘을 쏟아부었다.

그렇게 친환경농업연구회 회원들을 중심으로 의견을 모으고, 공공기관을 설득하는 데 꼬박 6개월이 걸렸다. 드디어 2006년, 우렁이 쌀 재배단지 22ha와 청정채소재배단지(9ha)로 구성된 특/광역시 최초의 미대동 친환경농업지구가 탄생한 것이다.

미래 농업을 위해, 전체 농업인을 위해

2006년 당시 우리나라의 친환경 농산물은 전체 농업인 중 6.3퍼센트의 농업인이 생산했다. 전체 경지면적으로 따지면 4.1퍼센트인데, 친환경 농산물의 생산량은 우리나라 전체 농산물 생산량의 4.7퍼센트에 불과했다. 곽 대표는 그러나 그중 채소류가 차지하는 비중이 37.5퍼센트로 가장 높으며, 앞으로는 친환경 농산물의 과잉시대가 오리라 예상

다품종 소량 포장으로 유통하는 한울농장의 친환경 유기농 채소들.

했다.

수입 농산물의 개방과 변화하는 소비자의 시대적 요구에 부응하기 위해서는 친환경 농업의 집단화로 규모화 및 다품목을 시도, 유통의 효율성을 높여야만 농가소득 향상을 도모할 수 있을 것이다.

"우리나라 농업의 미래상은 평야지대는 기계화 영농의 기업농으로, 그 외 지역은 생산, 가공, 유통, 관광농업을 모두 아우르는 6차 산업으로 전개되는 방향이 바람직할 것입니다."

곽 대표는 지난 20여 년간 앞만 보며 달려왔고, 항상 살얼음판을 걷듯이 한 걸음 한 걸음이 절박하고 위태로웠다고 말한다. 너무나 많은 시련이 있었지만, 시련을 통해 맺어낸 열매는 컸다.

특/광역시 최초의 친환경농업단지 조성, 대구광역시 최초 친환경인증농가, 국제유기농인증(IFOAM), 농촌진흥청 우수농업 경영체, 신지식농업인장을 비롯한 표창, (사)한농연 대구시연합회 임원과 농촌진흥청 현장모니터위원 등의 활발한 사회활동, 현대인재개발원의 농업CEO 아카데미교육, 농수산무역대학 농식품수출교육, 농림수산식품부 농업CEO 과정 수료, 경북대학교 대학원 응용생명과학부 농학석사와 박사 과정에 이르는 그의 노력은, 사실 혹독했던 시련을 거치며 갈고닦은 이력이다. 현재 한울영농조합법인은 연간 350여 톤의 유기농 쌈채소를 생산하며 연매출 15억 원을 훌쩍 넘기고 있다.

곽해묵 대표는 2010년, 뉴질랜드, 일본, 프랑스, 네덜란드, 독일, 말레이시아 등지의 농업 연수 체험을 바탕으로 엮은 『귀농에도 자격증이 있다』라는 책을 펴내기도 했다. 그 책은 실은 현재 농수산대학 2학년에 재학 중인 아들에게 남기는 글이기도 하다.

곽 대표는 현재 체험농장을 구상하고 있다. 그동안 허브농장을 조성해보기도 했지만, 은은한 것을 선호하는 한국인의 정서에는 아직 허브의 강한 향이 잘 맞지 못했다. 곽 대표가 여태껏 쉴 새 없이 달려왔음에도 여전히 멈추지 않는 까닭은 바로 아들과 같은 미래 농업인과 또한 지금도 열심히 땀 흘리고 있는 전체 농업인에게 조그마한 힘이라도 되기를 바라기 때문이다.

"모두가 사양 산업이라는 농업에 부채 1억 5백만 원으로 뛰어들어 4,000여 평의 시설하우스 농장과 수십억 원의 매출을 올릴 수 있었던 것은 쟁기질을 하듯 매사에 목표와 방향을 정하고 남들보다 더 많은 노력과 전략이 있었기 때문입니다. 나는 친환경 농업계의 입지전적인 인물이란 칭송과 시기질투를 한 몸에 받고 있습니다."

애초에 곽 대표를 키운 것은 장인어른을 위한 소박한 효심이 아니었을까. 또한 날마다 아파트 주차장으로 채소 보따리를 들고 행상을 나가던 어머니는 아니었을까. 하루 스무 시간씩 일하며 자녀교육, 집안 살림살이 모두 떠맡은 아내, 그나마 아내가 고생하며 벌어온 월급을 몽땅 사채이자 갚는 데 넣으며 라면으로 끼니를 때우던 시절도 있었다. 커다랗고 혹독한 시련은 기어이 오늘날의 곽 대표를 만들었다. 요즈음

시련이야말로 성공의 원동력이었다고 말하는 곽해묵 대표.

 모두가 어렵고 힘들다지만 뒤집어보면 시련이야말로 성공으로 가는 유일한 길이 아닐까 싶다.
 시련을 극복하는 것은 물론 쉬운 일이 아니다. 가장 중요한 것은 포기하지 않는 것이다. 반드시 이겨내겠다는 의지, 끝까지 포기하지 않고 최선을 다하겠다는 마음 없이는 절대로 시련을 극복할 수 없다. 삶에 대한 의지야말로 가장 중요한 힘이다.
 아무것도 없이 맨 손으로 시작한 농사일이었다. 잠도 못자며 채소를 들고 곳곳을 돌아다녔고, 채무의 압박에 시달렸다. 살아남기도 급급했지만, 절대 살아남는 것으로 만족하지 않았다. 원래부터 열정이 넘쳤던 것은 아니다. 시련을 이겨낼수록 열정이 커졌다. 곽해묵 대표의 삶은 마치 끝까지 포기하지 않는 복싱 선수의 투지를 닮았다. '승리는 가장 끈기 있는 사람의 몫'이라는 어느 격언처럼 그는 가장 끈기 있는 농부임에 틀림없다.

곽해묵 대표는 1995년 귀농하여 후계농으로 선정되었고, 현재 대구시 동구 미대동에서 한울농장과 한울친환경영농조합법인을 운영하고 있다. 2008년 농림수산식품부 채소 부문 신지식농업인으로 선정되었고 2011년 농림수산식품부 장관상 농업경영인 분야를 수상하였다.

삼척 너와마을 영농조합법인 김덕태 대표

진심으로 빚어낸 머루와인,
끌로 너와(Clo Neowa) 이야기

한병의 와인에는 세상의 어떤 책보다 더 많은 철학이 있다. **파스칼**
신은 물을 만들었지만 인간은 와인을 만들었다. **빅토르 위고**
와인은 슬픈 사람을 기쁘게 하고, 오래된 것을 새롭게 하고, 신선한 영감을 준다. **바이런**

신의 물방울, 와인(Wine)

와인의 역사는 알면 알수록 길고 또 깊다. 서양의학의 아버지인 히포크라테스는 와인에 물과 향신료를 넣어서 치료제와 안정제를 만들었다. 줄리어스 시저는 군대 보급품에 와인을 꼭 챙겨 넣었고, 무엇보다 기독교의 전래와 더불어 와인은 성만찬 때마다 사용하는 성수로서 유럽의 역사와 함께해왔다. 일찍이 플라톤이 '신이 주신 가장 위대한 가치'라고까지 칭송한 와인.

우리나라의 와인 역사는 생각보다 길다. 1973년 동양맥주가 독일 양조학자의 도움으로 경북에 포도원을 조성했고, 1977년부터 두산주류를 통해 와인 유통을 시작했다고 한다. 1998년 PC통신 유니텔에 최초

국내 최고 품질로 인정받고 있는 '끌로 너와' 와인.

로 와인동호회 '비나모르'가 생겼고, 2000년대 초 만화『신의 물방울』과 같이 와인을 다룬 대중문화가 확산되면서 와인산업 또한 활성화되었다.

강하고 묵직한 맛을 선호하는 우리나라 사람들에게는 보르도산 카베르네 소비뇽이 단연 높은 인기를 모았지만, 최근에는 부드러운 피노누아, 상큼한 메를로, 이탈리아 산지오베제 등 다양한 취향에 맞춰 다양한 와인들이 각광받고 있다.

2012년 5월 발표된 자료에 의하면 2011년 7월부터 조사 시점까지 수입한 와인의 수입액은 약 1억 2,800만 달러로 우리 돈으로 약 1,400억 원을 훌쩍 넘는다. 최근 막걸리 열풍에 밀려 조금 주춤하기는 하지만 와인은 이제 우리나라에 당당히 자리 잡은 대표적인 주류라고 할 수 있다. 그러나 국외에서 수입해 소비하는 규모에 비해서 아직 국내 와인산업의 규모는 걸음마 수준이다. 와인 대중화와 더불어 중요한 것 중의 하나는 역시 국내 와인산업계의 발전이다.

우리나라는 이제 일본, 중국에 이어 아시아 3위의 와인 소비국으로 자리를 굳히고 있다. 한국인의 1인당 와인 소비량은 연간 1.7리터라고 한다. 최근에는 경북 영천, 경남 청도, 충북 영동, 전북 무주 등이 국내 와인 생산지로 부상하고 있다. 여기에 강원도 삼척도 추가해야 할 것 같다.

이 상황에서 주목할 만한 인물이 바로 너와마을 영농조합법인의 김덕태 대표다. 그가 개발한 국산 와인 '끌로 너와(Clo Neowa)'는 2007년 대한민국 주류품평회에 입선, 2008년 세계소방방재장비엑스포 공식만찬주로 선정되었고, 2009년 와인부문 최초로 국세청 품질 인증주로 뽑히기까지 했다. 명실상부한 한국 와인 산업을 대표하는 국내 와인의 선두주자로 주목받고 있는 것이다.

와인, 너와마을과 만나다

끝없이 산들이 이어지며 나타나고, 산 옆을 굽이돌아 흐르는 동강의 줄기를 따라 산과 강이 이끄는 대로 계속 들어가면 골짜기와 계곡 사

홍보용 '끌로 너와' 와인. 해발 700미터에 위치한 고지대에서 직접 재배한 100% 천연 머루로 빚어 맛과 향이 뛰어나다.

이로 강원도 삼척시 도계읍 신리가 나온다. 바로 '머루와인'의 고장, 너와마을이 있는 곳이다.

너와마을이란 이름은 원래 함경도와 강원도 지방에서 전통적으로 짓던 가옥형태인 너와집에서 따왔다. 너와란 참나무나 소나무를 쪼개어 기와 대신 지붕에 얹는 재료를 뜻한다. 포도의 조상이라고 할 수 있는 머루는 한국에서 자생하는 포도과의 과실 중 하나로, 칼슘, 인, 회분 및 인토시아닌 성분이 포도에 비해 10배 이상 다량 함유되어 있어 특히 보혈강장 및 자양효과가 뛰어난 것으로 알려져 있다. 너와집과 머루, 두 가지 모두 태백산맥에 자리한 이 지방만의 고유한 특색이다. 이러한 특색이 만나 빚어낸 와인이 바로 '끌로 너와(Clo Neowa)'다.

'끌로 너와'의 생산 및 제조가 이뤄지는 너와마을 영농조합법인의 김 대표는 원래 대학에서 전자공학을 전공하고 국내 굴지의 자동차회사에서 일하던 공학도였다. 원래 강원도 태백 출신이던 그였지만, 열네 살 때 이미 고향을 떠나 도시에서 공부했다. 그가 서른셋의 나이로 고향에 돌아온 것은 뜻하지 않은 교통사고 때문이었다.

요양 삼아 시원한 곳에서 지내자고 돌아온 김 대표는 1999년부터 2년 정도 배추 등 채소농사를 지었다. 첫해에는 결과가 좋았지만 그 이듬해에는 가격이 폭락했다. 수요와 공급의 불확실성 때문에 거의 투기 형태에 가까운 농사 현장을 체험한 김 대표는 '최소한 농비(農費)라도 건질 수 있는, 안정적인 수요공급을 꾀할 수 있는 작물은 뭘까?' 고민하기 시작했다. 마침 2002년도 정보화마을 추진사업으로 너와마을이 지정되면서 채소밭에 김매러 다니고 상차작업하며 콩, 옥수수, 감자 농사를 짓던 너와마을에도 변화의 바람이 불기 시작했다. 그때 김 대표는 해발 500미터 이상의 산악지대라는 점과 기후, 지역적 특성에 맞는 작물로 '머루'를 주목했다.

머루는 한국, 일본, 대만 중국 등지에서 주로 자생하며 해발 100~1,300m에서 잘 자란다. 외형은 포도와 비슷하지만 추위에 강하고 성장속도는 포도보다 훨씬 빠르다. 또한 마디와 마디 사이가 포도의 절반 정도밖에 되지 않아 같은 면적에서 열매송이가 더 많다. 병충해에 강한 것도 머루의 장점이다. 김 대표는 머루 재배가 삼척 지방에 알맞다고 보았다.

처음에는 '4년제 대학 나와도 지게 지는 것은 똑같네' 하며 경계하고 견제하던 주민들이었다. 작목회를 만들고 함께 어울리며 '돈만 벌고 떠날 사람', '농사는 모르는 사람'이란 선입견을 점차 허물기 시작한 때였다. 처음 머루 묘종을 가지러 홍천에 가려고 하니 마을 어른들이 여덟 분 정도 따라나섰다. '끌로 너와'의 시초는 그렇게 와인과는 상관없이, 지역 특산물에 대한 작은 시도 속에서 시작되었다.

머루 묘종을 심고 보니, 그 다음에는 시설이 문제였다. 농업정책과를 찾아다니고 시장님도 쫓아다니며 겨우 예산을 확보해 평당 8,000원의 지원을 받아냈다. 간신히 시설만 올릴 수 있는 정도의 수준이었지만, 김 대표는 거기서 그치지 않고 계속해서 끈질기게 지원을 받으러 다녔다. 그런데 머루는 농산물이 아닌 임산물이어서 농산물 예산을 지원받을 수 없었다. 다시 관련 기관과 공무원들을 찾아다니며 비가림막도 세우고 하나씩 지원을 받아냈다. 그렇게 머루를 기르면서 살펴보니, 머루즙이나 머루주를 만들어보면 어떨까 하는 생각을 했다. 그런데 이번에는 가공과 주세(酒稅)가 문제였다. 머루즙은 가공을 한다 해도 판로가 시원치 않았고, 머루주로 만든다고 하면 주세가 너무 셌다. 이것저것 알아본 결과 발효를 해서 만들면 주세가 낮아진다는 점에 착안, 머루를 발효시켜서 와인을 만들어보기로 했다. 하지만 공학도 출신인 김 대표는 와인을 만드는 것도 처음부터 배워야 했다. 하나부터 열까지, 모든 것이 새로운 도전이었다.

미생물이나 발효에 대해서 전혀 문외한이었던 김 대표는 이번에는 여기저기 발효주 만드는 곳을 찾아다녔다. 그러나 그런 곳들도 대부분

너와마을의 머루나무. 김 대표는 콩, 옥수수, 감자 농사만을 짓던 마을에 지역적 특성에 맞는 머루를 심어 큰 성공을 거두었다.

막걸리나 전통주에 대해서만 알 뿐, 와인에 대해서는 잘 모르는 경우가 많았다. 그러던 중 농촌진흥청에서 정석태 박사를 만났다. 일본주류연구소까지 찾아다니며 와인을 잘 아는 사람도 만났다. 그렇게 2년여를 치열하게 공부했다. 하지만 난관은 계속 이어졌다. 식품 허가를 받고, 주류제조 허가를 받으려고 하자, 관할 세무서에서는 한 번도 주류허가를 내줘본 적이 없었던 것이다. 김 대표는 중부청, 국세청 기술연구소까지 찾아갔고 2005년 주류제조 허가를 위한 농림부 장관 추천서를 얻어서 2006년 제조면허를 받았다. 그 모든 과정이 전부 다 발로 뛰고, 몸으로 익히는 시간이었다.

기본에 충실한 장인정신

김덕태 대표가 와인을 만들면서 가장 중요하게 생각한 것은 바로 '원재료의 중요성'이었다. 기본이 좋지 않으면 아무리 노력해도 좋은 와인을 만들 수 없다는 사실을 가장 중시했다. 원재료인 머루를 가장 잘 키워내는 방법은 역시 '친환경 농법'이었다.

김 대표는 초생재배(제초제를 전혀 사용하지 않고 야생잡초를 이용한 재배방법)을 통해 무농약 친환경인증을 받았다. 초생재배를 하면 토양에 농약이 축적되지 않아서 지렁이 등 미생물이 살 수 있는 환경이 되는데 지렁이의 몸에서 분비되는 분비물에 의해서 토양 선충을 잡는 것이다. 또한 초생재배는 토사의 유실을 감소시키고 장마철에는 수분 증발, 가뭄에는 표층을 피복하는 효과가 있다. 김 대표는 거기서 그치지 않고, 지금도 끊임없이 실험을 반복하면서 더 나은 머루를 얻고자 노력했다. 취재 당일도 "가뭄이 너무 심한데 그늘을 만들어준 곳과 그렇지 않은 곳의 머루 상태가 다르다"며, "오늘 또 하나 배웠네"라고 했다. 그에게 배움의 끝이란 없는 듯 보였다.

"수입 와인은 일단 가격경쟁력이 있잖아요. 그걸 우리가 맞불놓듯 부딪칠 수는 없어요. 우리는 우리대로 품질로 시장경쟁력을 키워야죠. 품질이 우수한 양조용 포도를 재배하는 것이 우리 국내 와인의 시장경쟁력입니다."

너와집 또한 그러한 시장 경쟁력 강화의 한 방편이 되었다. 서늘한 너와집의 특성이 바로 섭씨 22도 이하로 발효하는 발효시설의 특성과 맞아 떨어진 것이다. 재미있는 것은 '끌로 너와'의 제조 공정 중에 '항아리 발효'라는 독특한 과정이 있다는 점이다. 김덕태 대표는 김장독으로 활용하는 것처럼 발효에도 항아리를 쓰면 어떨까 하고 실험해본 결과, 더 좋은 효과를 낸다는 것을 알아냈다. 머루를 숙성시키기 전 수확한 머루를 발효항아리에 투입해서 발효시키는 것이다. 그래서인지 공장 안에 줄지어 선 항아리들이 왠지 더 정겨워보였다.

와인의 품질은 맛과 향기가 좌우한다. 흔히 와인의 3대 맛을 단맛, 떫은맛, 신맛이라고 한다. 처음에는 다들 달착지근한 맛을 찾지만, 단맛이 좀 물리고 나면 떫은맛을 찾게 된다. 와인의 떫은맛은 그야말로 각양각색이다.

맛보다 더 중요한 것은 향기다. 인간의 혀는 느낄 수 있는 맛이 제한되어 있기 때문에 향기를 통해서 더 많은 정보를 얻을 수 있다고 한다. 와인스쿨에서 아로마 키트를 사용해 와인의 향기를 구분하는 법을 배우는 까닭이다. 맛과 향기 외에도 와인은 색깔, 입과 볼에 닿는 감촉 등을 중시한다. 이런 요건들을 잘 충족시키는 와인이 좋은 와인이다.

'끌로 너와'는 신맛이 일품이다. 하지만 톡 쏘는 신맛은 아니다. 신맛이 생각보다 강하지 않은 것은 오크통에 담지 않고, 스테인레스통에 숙성시켰기 때문이다. 한국인의 음식 문화에 잘 어울리는 맛이라고 한다. 유기농 머루에서 나오는 진한 색도 일품이다. 코르크 마개를 열자 밀려올라오는 머루향이 제법 강렬하면서 기분 좋다.

너와마을의 와인은 뛰어난 원재료에 지역적 이미지를 더해 특별한 머루 와인 브랜드로 성장했다.

기본기에 충실한 김덕태 대표의 노력은 곧바로 2007년 처음 개최된 '제1회 대한민국 주류품평회' 입선이라는 좋은 결과로 입증되었다.

농업은 6차산업, 진심만이 통한다

"농업은 6차산업입니다. 생산부터 판매까지 다 해야 합니다. 그러나 돈을 보고 쫓아가면 오래 가지 못합니다. 생산부터 판매까지 결국은 소비자의 마음을 알아야 합니다. 무리하게 규모를 확장하거나 서둘러 대량생산을 하려고 하면 안 됩니다."

김덕태 대표에게 농업인으로서의 삶을 묻자, 그가 대답했다. 마음을 생각하는 농부의 마음과 함께 경영인으로서의 마음가짐이 동시에 느껴졌다.

"처음에 8가구가 함께 머루를 시작하고 나서 지금은 열일곱 농가가 같이 하고 있습니다. 지금 저는 뒤에 빠져 있으면서 일종의 백업 역할을 하고 있습니다. 내 것을 챙기기보다 전체를 바라봐야 하고, 이것저것 계속 실험하면서 앞으로 어떻게 해야 더 좋은 결과를 얻게 할 수 있을까 고민하는 겁니다."

뜻하지 않게 우연히 소일거리 삼아 시작한 농사였다. 시차를 이용해 배추농사만 짓다가 돈을 벌어 다시 도시로 돌아갈 수도 있었다. 그러나 그는 더 깊이 고민했다. 자신의 마음을 들여다보았고, 마을 주민들의 삶을 들여다보았다.

'너와마을에 가장 잘 맞는 작물은 무엇일까?', '어떻게 하면 농사를 통해서 단순한 돈벌이가 아닌, 삶의 유익을 얻을 수 있을까?' 고민하고 또 공부했다. 마을 사람들은 처음에는 그를 경계했지만, 서서히 마음을 열고 함께하기 시작했다. 김 대표의 진심이 통하기 시작한 것이었다. 생각만 한 것이 아니라, 발로 뛰고 몸으로 부딪히며 하나씩 하나씩 실천했다. 모르는 것, 어려운 것투성이었지만, 그것은 별로 문제가 되지 않았다. 김덕태 대표는 늘 마음을 쏟아 최선을 다했다.

공학도의 길을 버리고 머루 와인 하나로 끈질긴 승부를 본 김덕태 대표.

"지금 고3, 고1인 아이들이나, 도시에서 아무것도 모르고 따라와서 잔일부터 크고 작은 일들을 도맡아 함께해준 아내에게는 한편으로 참 미안하고 또 애틋합니다."

가장으로서, 또 남편이자 아버지로서 김 대표는 그동안 일에 매달리면서 더 많이 함께 시간을 보내지 못했던 점을 아쉬워했다. 그렇지만 그렇게 열심히 매진했기에 오늘의 그가 있을 수 있었으리라.

짙은 보라빛 끌로 너와(Clo Neowa)의 색은 곱고 매혹적이다. 부드럽게 넘어가면서도 은근히 달콤한 맛이 부담 없이 즐기기에 그만이다.

잘 차려진 서양식 테이블뿐만 아니라, 소탈한 시골밥상이라도 잘 어울릴 듯하다. 가족끼리, 연인끼리, 친구끼리 바로 앞에 펼쳐진 수려한 산과 계곡에서 머루로 만든 와인 한잔 기울여보는 건 어떨까.

김덕태 대표는 2001년에 후계농으로 선정되었고 강원도 삼척시 도계읍 신리에서 너와마을영농조합법인을 운영하고 있다. 김 대표는 2008년 삼척 우수농어업인 대상을 수상했으며, 너와마을영농조합법인은 현재 17농가가 2만 평의 면적에서 연간 30톤의 머루를 재배하고 있다. 머루와인 '끌로 너와(Clo Neowa)'는 2007년 대한민국 1회 주류품평회 입선, 2008년 우수특산품 대상, 2009년 강원도 와인품평회 금상 등을 수상했다.

충주 중원난농원 박종대 대표
난초의 매력에 빠지다,
난초와 함께 평생을 보내다

그 누가 알리요, 그윽한 난초의 푸르름과 향기
세월이 흘러도 은은한 향기 변치 않는다네.
세상 사람들 연꽃을 더 좋아한다 말하지 마오.
꽃술 한번 터뜨리면 온갖 풀의 으뜸이오니.
허난설헌, 난초(蘭草).

난초의 매력

난초를 좋아하고 즐기는 사람들을 특별히 '애란인(愛蘭人)'이라고 부른다. 난초는 사실 자연에서 흔한 식물이다. 난초는 전 세계적으로 사막을 제외한 거의 모든 지역에서 서식하며 심지어는 극지방에서조차 난초를 볼 수 있다. 학자들은 약 3만여 종에 달하는 난초가 있을 것으로 추정하고 있으며, 그 중 수천 종은 아직도 세상에 그 존재가 알려지지 않았다고 보고 있다. 지구상에서 가장 진화한 식물이라는 난초. 도대체 난초는 어떤 매력이 있기에 사람들의 마음을 사로잡은 걸까?

'난은 성급한 사람을 가르치는 스승'이라는 말이 있다. 또 사람들은

화려하게 꽃 피운 중원난농원의 동양란.
병충해에 강한 것은 물론 빛깔이 뚜렷해 더 좋은 가격에 팔려나간다.

말하길, '방향천리(芳香千里)'라 하여 난초의 향기가 천리 밖까지 미친다고 한다. 난초에 관한 최초의 기록은, 동양에서는 기원전 6세기 무렵 공자의 시경(詩經)에서, 서양에서는 기원전 4세기 데오프라스투스라는 그리스인의 기록에서 찾아볼 수 있다. 일찍이 이병기 선생은 「풍란(風蘭)」이란 글에서 '난초의 푸른 잎을 보고 방열(芳烈)한 향을 맡는 순간에 문득 환희의 별유세계(別有世界)에 들어 무아(無我)·무상(無想)의 경지에 도달하기도 한다'고 하였고, 그 외에도 숱하게 많은 사람들이 앞다투어 난초의 매력을 노래하였다. 동양란이나 서양란 할 것 없이 난초의 매력을 꼽아본다면 난초 하나마다 각각 다른 저마다의 고

유한 자태가 지닌 매력일 것이다. 곱게 휘어진 잎은 어느 것도 하나 똑같은 것이 없다. 난초의 우아한 모습, 아름다운 꽃과 향기, 난초를 기르면서 느끼는 기다림과 희열, 난초를 알면 알수록 자신도 모르게 그 매력에 빠져들 수밖에 없는 것이 어쩌면 지극히 당연한지도 모르겠다.

젊은 원예학도였던 중원난농원의 박종대 대표 역시 충북대학교 원예학과에서 공부하며 난초의 매력에 빠졌다. 아니, 매력에 빠지기만 한 것이 아니다. 그 이후 20년이 넘도록 일생을 난초에 바친 것이다.

난초가 이끈 농사꾼의 길

충청북도 충주시 신니면이 고향인 박 대표는 어린 시절부터 부모님이 농사짓는 모습을 보면서 자랐다. 그의 부모님은 주로 고추농사와 사과농사를 지었는데, 박 대표는 갖은 농사일에 고생하시는 부모님의 모습을 보면서 자신은 '농사짓지 말아야지' 하고 다짐했다. 원예학과에 입학한 그는, 농사꾼 대신 원예학자로서의 삶을 꿈꾸며 곧장 대학원으로 진학했다. 박 대표는 대학에서 줄곧 동양란의 권위자이자 2011년 최고과학기술인상을 수상하기도 한, 현(現) 충북대 첨단원예 실험실의 백기엽 교수 밑에서 공부했다.

"어느 날인가, 실험실에서 난초 조직배양을 하고 있었어요. 그런데 난초가 보면 볼수록 마음이 가는 거에요. 창가에 두고 보고 있자니 묘한 재미가 들었어요. 단순히 식물을 키우는 재미를 넘어서 식물과 교

고도의 기술과 안목이 필요한 중원난농원의 난초 모본.

감하는 느낌이랄까. 매일 보고 대화하고 감정을 나누는 그런 시간이었죠. 그때부터 난초에 푹 빠진 겁니다."

  학교를 졸업한 박 대표는 잠깐 부산에서 원예 관련 일을 하다가 경기도 오산에 위치한 어느 난 농장에 들어갔다. 박 대표는 2년간 그곳에서 근무하면서 여러 종류의 수입란도 접하고, 난초 재배에 대해 배웠다. 특히, 난초는 재배 방법도 중요하지만 '모본'이 성패를 좌우한다는 사실을 절감했다. 난초의 생장점을 따고 난초를 배양시켜서 모본을 만드는 조직배양은 고도의 기술과 안목이 필요한 작업이다. 모종을 잘 선택하지 않으면 결국 그만큼 실패할 확률도 높아지기 때문이다. 박 대표는 모종 때문에 난초 재배가 실패하는 것을 경험하면서 식물조직배양에 대해 더욱 집중적으로 공부했다.

  1994년에 독립해 나온 박 대표는 고향으로 돌아와 독자적인 난 농장을 시작했다. 오산보다 교통여건도 나빴지만, 조직배양에 대한 사명감 같은 것이 있었다. 집 바로 옆에다 난초 배양실부터 지었다. 비록 허름한 형태였지만, 박종대 대표에게는 더없이 소중한 나만의 실험실이었다.

  박종대 대표는 처음부터 조직배양과 모종개발에 중점을 두고 일을 시작했다. 난초를 배양하고 새로운 모종을 개발하는 일은 짧아도 3년, 길면 6, 7년이 소요되는 지루한 작업이다. 모종의 성패 여부를 보려면 결국 난초를 끝까지 키워보아야 하기 때문이다. 난초 재배 자체가 그렇다. 만약 모종 선택을 잘못한 경우에는 최소한 3년 동안 투자한 모든 시설비용, 유류비 같은 돈과 시간, 노력 전부를 날리는 것과 같다. 심한 경우에는 한 번의 실패만으로도 재기불능에 빠지는 수도 있을 정도다. 하지만 더 좋은 모종개발에 성공한다면 로열티를 지불하는 비용도 아낄 수 있고, 더 좋은 난초를 공급하고 재배할 수 있게 된다. 무엇보다 박 대표는 배양실에서 보내는 시간이 행복했다고 고백한다. '지금보다 더 좋은 방법은 없을까?', '더 좋은 결과를 내려면 어떻게 해야 할까?' 이런저런 실험 목적을 가지고 열심히 노력하다 보면 하나하나 새롭게 발견하는 재미가 있었다. 물론, 좋은 모종을 개발했다고 해도 시장에서 상품성을 검증해야 한다. 아무리 좋은 모종이라고 해도 시장에서 반응이 좋지 않으면 소용이 없기 때문이다. 정말이지 난초의 매력에 흠뻑 빠지지 않고서는 할 수 없는 일이다.

박 대표의 난초 인생에는 아내 정태권 씨도 빠질 수 없다. 괴산의 농가에서 태어난 정태권 씨는 농사짓는 사람에게는 시집가지 말아야지 했었는데, 마침 박 대표가 연구실에 있을 때 서로 만났다. 연구실이라고 해서 그럴듯한 학자의 풍경을 상상했었다고 한다. 하지만 박 대표의 모습이 학자라기보다 영락없는 농부처럼 보여서 처음에는 실망도 했었다고 한다. 하지만 결혼 후에는 누구보다 더 적극적인 '난초 동지'가 되었다.

"정말 아무것도 모르고 남편을 도우면서 난초를 알게 됐어요. 그런데 난초가 더 귀하게 느껴지는 것은 다른 꽃들은 금방 꽃을 피우지만,

난초는 3년을 기다려야 하잖아요. 그 기다림 속에서 보내는 시간이 너무 소중한 것 같아요. 그렇게 핀 꽃은 보고 또 봐서 질리지도 않고요."

부부는 농장의 모든 일을 반드시 함께 상의하고 나서 처리한다고 한다. 또 가장 핵심적인 작업인 난초의 생장점 따기는 박 대표가, 그것을 증식시키는 것은 아내가 각각 맡아서 직접 하고 있다. 그렇게 부부가 난초 배양에 생활리듬까지 맞춰서 지금까지 하고 있다고 했다. 만약 배양실에 정전이라도 발생하면 그야말로 긴급 상황이다. 전기가 끊기고 30분이면 배양에 엄청난 차질이 생기기 때문이다. 그래서 배양실에 전기가 차단되면 바로 휴대폰으로 연락이 오도록 연결해놓았다고 한다. 박 대표의 가족이 여태껏 변변한 여름휴가 한번 제대로 다녀온 적이 없다는 말이 정말 사실인 듯했다.

더 나은 모종은 결국 남을 위한 일

박종대 대표는 20년 가까이 난초를 배양하고 재배해왔으면서도 여전히 좋은 모종을 보는 안목을 가지기는 어렵다고 말한다. 박 대표는 그것이 결국 1,000개의 모종 중에서 정말 좋은 모종 5개를 찾아내는 일이라고 설명했다. 10년쯤 지나자 조금씩 안목이 생기기 시작했다고 하니, 일반인은 섣불리 하기 어렵겠다는 생각이 들었다.

난초는 희귀한 품종일수록 비싸다. 몇 년 전, 고양꽃박람회에서는 변

난초가 한창 자라고 있는 중원난농원의 하우스 내부 모습.

이종 풍란이 3억 원이 넘는 금액에 팔리기도 했다. 그렇다 보니 너도 나도 신품종 난초를 개발하기 위해 애쓴다.

"상업적인 면만 보고 난초의 모종을 개발하는 경우가 많습니다. 하지만, 기계가 아닌 살아 있는 식물을 다루는 것인데 한계가 없을 수 없죠. 아무리 좋은 난초라고 해도 무한정으로 생장점을 딸 수는 없거든요. 하지만 그게 다 돈이라고 생각하면 한계에 이르러도 멈추지 못합니다. 결국 품질이 떨어지죠. 억지로 무리해서 생장점을 따고 모종을 개발해서 공급하면 그 피해는 고스란히 재배 농가로 이어집니다."

박종대 대표가 난초의 모종개발과 육종사업에서 가장 강조하는 부분이다. 박 대표는 상업적인 욕심은 필연적으로 실패로 귀결될 수밖에 없다는 사실을 몇 번씩이나 강조했다. 그는 이렇게 20여 년 동안 난초 육종개발에 매달린 결과, 현재 모두 5개의 난초를 자체 개발하여 등록 중에 있다.

난초 재배농가로서 박 대표의 노력도 크다. 박 대표는 시장과 현장 상황을 보아가면서 여러 가지를 조합해서 노동력을 절감하는 방법, 출하시기를 조절하는 것, 점차 소형화하는 난초시장의 추세에 맞는 품종 개발, 키우기 까다롭다는 난초를 보다 강하고 꽃도 잘 피우도록 개량하는 작업 등에 매달려 온 것이다. 말하자면 박종대 대표의 중원난농원은 난초 재배농가인 동시에 또한 난초연구소로서의 역할도 하고 있다고 볼 수 있다.

2008년도 통계에 따르면, 난초는 국내 전체 화훼 생산의 9퍼센트(약

1,032억 원 규모)를 차지하고 있고, 2009년도 화훼 수출에서 난초가 차지한 비중은 대략 21.4퍼센트에 이른다. 하지만 중국의 난초산업이 빠르게 성장하고 있는 데다 여러 가지 국내 상황으로 난초 소비가 급감하고 있는 요즘이다. 주로 관공서와 기업체의 인사 이동을 맞이해 선물용으로 소비하거나 개업식 선물 등으로 쓰이던 것이 국내 경기침체와 맞물리면서 또 각 기관이나 기업체들이 선물을 자제하는 분위기로 돌아선 것 등의 영향으로 타격을 많이 받았다. 박 대표는 소규모 난초 재배농가의 경우는 절반 이상이 무너진 것으로 보고 있다. 앞으로의 전망 역시 낙관적이지 않다. 박종대 대표는 이처럼 시장 상황과 전망이 어렵기 때문에 오히려 난초의 개량과 더 나은 모종개발에 더 강한 사명감을 가지는 듯했다.

"난초산업은 분명히 예전에 비해서 지금은 많이 어려워졌습니다. 여건도 금세 좋아질 것 같지는 않고요. 그렇지만 어려운 때일수록 노력해야 되지 않겠습니까. 더 키우기 쉬운 난초, 잘 죽지 않는 난초, 더 꽃을 많이 피우는 난초를 만들어야지요."

국내에서 주로 생산하는 난초는 역시 심비디움(cymbidium)과 호접란 등이다. 한국, 일본, 중국의 춘란이 모두 심비디움 속(屬)에 속하는 하나의 종이다. 박 대표는 중국으로도 심비디움을 수출하고 있는데, 주로 중국의 설날인 춘절 기간에 맞춰서 공급한다. 원래 3월에 피는 꽃을 1월에 피게끔 개량해서 12월 15일을 전후해 수출하는 것이다. 3년간 재배한 뒤, 단 보름 동안 모두 출하하는 작업이다. 그렇다 보니 특히 난방비 부담이 커졌다. 출하 시점은 한겨울인데, 난초 재배 온도 20도를 맞춰야 하기 때문이다. 기름 난방으로는 도저히 난방비를 감당할 수 없는 지경에 이르렀다. 비용 절감을 위해서 현재 농원의 절반 정도를 전기난방 방식으로 바꿨고 나머지 절반도 전환 중에 있다. 또한 난초 소독작업을 무인방제 시스템으로 바꿔서 사전 방제가 가능해졌다. 덕분에 A급 모종의 생산에 도움이 되었다.

"좋은 모종을 개발하고 공급하는 일은 곧 남을 위한 일입니다. 좋은 모종이라는 것은 결국 그 과정 자체가 새로운 것이 만들어지는 계기가 됩니다. 더 나은 재배 스타일을 찾는 것, 가장 저렴한 비용을 맞춰가는 것, 수출을 위해서 개량하고 연구하는 것, 재배 기간을 더 짧게 하는 방법, 꽃을 더 많이 피울 수 있나 고민하는 것 모두가 그렇습니다."

젊은 시절 고생을 고생으로 여기지 않고 열심히 일했다는 박 대표. 혼자서 내부시설을 짓고, 밤에도 삽을 들고 나가서 땅을 파고 하는 일들을 전혀 힘들다고 여긴 적이 없었다.

"당장 작은 돈으로 보이더라도, 내 나름대로의 꿈과 계획을 가지고 여기까지 온 거죠. 정말 재미있고 좋았으니까요."

박 대표가 지금까지 무엇을 위해 살아왔는지 그 진심이 전해지는 대목이다. 박 대표는 모종을 공급하는 데 그치지 않고 지금도 난초 재배 농가를 다니면서 새배 과정에 조언을 아끼지 않는다. 좋은 모종을 잘

결혼 후에 더 적극적인 '난초 동지'가 되었다는 박 대표와 아내 정태권 씨.

개발하도록 돕는 것 역시도 그의 일이다. 특히 초창기에는 재배 과정의 실수나 결함으로 인해 좋은 모종의 공급에도 불구하고 난초 재배가 실패하는 일들이 있었다. 박 대표는 자신이 결백하다는 것을 밝히는 데 그치지 않고, 어떻게 하면 재배자가 재배 과정에서 실패를 줄일 수 있을지에 대해서도 여러 가지 가능성을 염두에 두고서 많은 실험을 진행했다고 한다. 그러면서 박 대표 스스로도 더 나은 노하우와 경험을 축적할 수 있었고, 또 그 과정에서도 여러 가지 재미와 흥미를 느낄 수 있었다고 하니, 그는 영락없는 '애란인(愛蘭人)'이다. 그는 단순히 난초를 이용해서 경제적인 부를 쌓거나, 난초로 유명해지는 것은 바라지도 않는다. 그저 난초 그 자체가 좋은 것이다. 박 대표는 20여 년의 세월 동안 그렇게 난초에 푹 빠져서 살아왔다. 어찌 보면 대단히 순수하게 보일만큼 난초에 대한 박 대표의 마음은 깊고 한결같다.

  어려움이 있다고 해서 중간에 포기하는 것은 마음보다 머리가 먼저 작동한 결과인지 모른다. 거꾸로 어려움이 있어도 포기하는 법이 없이 끝까지 갈 수 있는 힘은 머리보다는 마음에서 나오는 것이리라. 무엇인가 진심을 가지고 일하는 사람을 만나면 자연스레 그 마음이 전해져 온다. 박종대 대표가 바로 그런 사람이었다.

박종대 대표는 1994년 후계농으로 선정되었고 충청북도 충주시 신니면에서 중원난농원을 운영하고 있다. 충북대 원예학과를 졸업하고 충북대에서 석사와 박사과정을 마쳤다. 현재 5종의 난을 자체 개발했으며, 주로 심비디움, 호접란, 동양란을 육종배양, 재배하고 있다.

대전 석청농장 백석환 대표

소값 파동, 우리에게는 남의 일이다

"여전히 이중모음에서는 더듬는 거 알죠?"
"연설하는 사람이 나라는 것을 알려주려고 일부러 그랬소."
영화 〈킹스 스피치〉 중에서

    1939년 9월 1일, 2차세계대전이 발발했다. 전 유럽은 거대한 전쟁의 소용돌이 속으로 휘말려 들어갔다. 공포와 불안에 떨던 영국 국민들은 삼삼오오 라디오 앞으로 모였다. 국왕 조지 6세의 첫 번째 대국민 전시(戰時) 연설이 방송되었다.

    "힘든 시간이 될 것입니다. 어두운 날들이 오래 지속될 수도 있습니다. (중략) 우리 모두가 굳은 결의를 가지고 신념을 잃지 않는다면 신의 은총으로 이 전쟁에서 승리할 것입니다."

    감동적인 자신의 연설과 같이, 조지 6세는 런던대공습이 가장 극심할 때조차 끝까지 국민들과 함께하겠다며 버킹엄 궁전을 떠나지 않고 지켰던 불굴의 지도자였다. 하지만 그는 원래 왕위계승 서열 2위였으

'농축산 부산물 자원화 시범농장' 임을 알리는 석청농장 입구.

며, 그의 형 에드워드 8세가 갑작스럽게 하야하자, 단지 3주 만의 준비기간을 거쳐서 왕위에 즉위하였다. 위염 등 잦은 잔병치레를 했던 그는 특히 언어장애가 있었는데, 입헌군주국의 상징적 국가 지도자로서 그것은 치명적인 결함이 될 수도 있었다. 그러나 영화 〈킹스 스피치〉로도 널리 알려진 바와 같이 말더듬을 극복하고 전쟁에 휘말린 영국을 잘 이끌었던 위대한 지도자 조지 6세로 기억되고 있다. '2011 대한민국 최고농업기술 한우명인 1호'인 석청농장 백석환 대표의 이야기는 조지 6세의 인생 역정과 흡사하다.

나도 할 수 있다는 꿈

백석환 대표는 어릴 적부터 심한 언어장애가 있어서 진학을 포기했다. '농사나 지어야겠다'고 생각했지만, 어떤 목표나 확실한 목적의식은 없었다. 1976년 천안에서 열린 후계농 교육(당시 영농후계자 교육)에서야 비로소 농업인의 꿈을 발견했다.

사실 백 대표는 농업인 교육을 받으러 가서도 꼭 농업을 해야겠다는 절실함을 가지고 있던 것은 아니었다. 다른 것을 할 수 없으니, 농사라도 지어야겠다는 현실적인 생각과 자신의 처지에 대한 열등감 같은 것이 얽혀 있던 상황이었다. 별 생각 없이 교육에 참석했던 백 대표는 강사의 사례 발표를 들으면서 가슴이 철렁 내려앉았다.

"여기 농사나 지어야겠다고 온 사람 있나? 무엇을 하겠다는 확실한 목표가 없다면, 아무리 자금 지원을 많이 받는다 해도 결국 하찮은 농민에 불과할 것이다."

1976년 당시에 이미 연매출 1,000만 원이 넘었다는 사례발표를 들으면서 백 대표는 마음을 고쳐먹었다. 할 수 있는 것이 농사밖에 없으니 마지못해 하는 것이 아니라, 농사야말로 나도 누구 못지않게 잘할 수 있는 일이라는 비전을 갖게 되었다.

"정신이 번쩍 들었습니다. 2박 3일 동안 어떤 기술이나 실제적인 농사지식을 배운 건 아니었지만, 그 분의 사례발표를 보면서 나도 저렇게 되고 싶다, 나도 할 수 있다는 생각을 갖게 되었습니다."

백 대표는 후계농 교육을 받고 돌아와 경운기를 한 대 장만했다. 그

무엇보다 소를 가족처럼 여겨야 건강하게 자란다는 백석환 대표.

는 모래를 퍼 나르고, 퇴비를 실어 나르는 일부터 시작했다. 아직 농사에 대한 지식과 경험이 부족하다고 여긴 그는 밑바닥부터 착실하게 배우고자 마음먹었다. 천천히 경험을 쌓으면서 그는 한우를 키워보자고 마음먹었다. 농촌진흥청 축산과학원에서 21명이 함께 먹고 자며 2주 동안 한우 전문교육 실습을 받았다. 백석환 대표는 그때 무엇보다 한우로 성공하기 위해서는 질병에 대해 확실하게 알아야겠다고 결심했다. 소가 질병이 나면 수의사만 간신히 찾아가던 시절이었다. 그는 질병의 진단, 처방, 시술을 혼자서 어느 정도 할 수 있어야 한다고 생각했다. 2주 동안 그는 이를 악물고 배웠다. 교육생 21명 중 혈관주사 놓는 법은 유일하게 백 대표 혼자만 성공했고, 실습 마지막에는 21명 중 전체 5등으로 실습을 수료했다. 교육을 이수한 후, 그는 한우검정기술 1급시험에 합격했다. 백 대표는 우시장에 나가 일부러 설사, 감기, 피부병, 식체(食滯) 증상이 있는 소를 싼 값에 사왔다. 아픈 소를 정성껏 치료하며 키웠더니 도리어 3~4배의 이익을 볼 수 있었다.

　백 대표는 그때 '나도 할 수 있다'는 확실한 자신감을 얻었다고 말한다. 81년에 후계농 자금 450만 원을 받았다. 강에서 모래를 퍼서 벽돌을 찍고 직접 축사를 만들었다. 소 9마리를 샀다. 그것이 석청농장의 시작이었다. 신혼여행도 포기하고 아내와 함께 여기저기 농장실습을 다녔다. 서운하지 않았느냐고 안부인께 물어보았지만, 그때는 오히려 그게 행복했다며 웃으며 대답했다.

방송통신고, 방송통신대학 농학과를 졸업한 그는 지금 현재도 충북대학교 마이스터대 4학년에 재학 중이다. 뿐만 아니라 성균관대에서는 한우질병관리 최고경영자과정을, 충남대에서는 농업인 최고경영자과정을 수료했고, 한국벤처농업대학에서는 유통과 마케팅을 2년간 배웠다. '아는 것이 없어서, 배우지 못해서 못하겠다'가 아니라, '잘 모르니까, 배우지 못했으니까 기초부터 남들보다 더 열심히 하면 된다'가 바로 그의 신조였다.

석청농장의 여섯 가지 특징과 자가배합사료(TMR)

백 대표는 1983년에 이미 대통령으로부터 '새마을훈장'을 수여받을 만큼 빠르게 인정받았다. 남들이 보기에는 농장을 시작한 이래 2년여 만에 성공한 농부가 된 것처럼 보였지만, 앞서 살펴본 대로 그의 성공은 철저한 배움과 오랜 끈기로 밑바닥부터 일궈낸 성과였다. 석청농장의 여섯 가지 특징은 다음과 같다.

첫 번째, 한우 80두의 사료비가 연간 2,500만 원으로 매우 적다.
두 번째, 석청농장은 소의 질병 발생률이 80% 낮다.
세 번째, 석청농장은 분뇨에서 나오는 악취가 상대적으로 없는 편이다.
네 번째, 석청농장은 클래식 음악과 함께한다.
다섯 번째, 한우 거세우 등급은 1+이상 80%다.(전국평균 40%)

백 대표가 심혈을 기울인 석청농장의 사료.

여섯 번째, 석청농장은 연간 경영비 절감이 4,400만 원이다.

백석환 대표는 위의 6가지 특징이 가능했던 원동력으로 자가배합사료(TMR)를 꼽는다. 2011년 한 해 동안 석청농장에서 출하된 소는 24두인데 모두 1억 6천만 원에 팔렸다. 경영비 3,200만 원을 빼면 순익만 무려 1억 2,800만 원에 달한다. 1두당 판매가도 전국 평균 대비 96만 원이 높다. 거기에 석청농장의 경영절감 비용은 연간 4,400만 원 수준인데, 사료비로만 3,200만 원을 절약했고, 조사료, 소 깔짚, 자가 인공수정, 농기계 자가 수리 등으로 1,200만 원을 더 아꼈다.

자가배합사료(TMR)이란 쌀겨, 비지, 깻묵, 옥수수, 소금 등 농산부산물을 이용해 농가가 직접 만드는 사료를 말한다. 백 대표는 1997년 외환위기 무렵, 소값은 1/6로 떨어졌는데 사료값은 100퍼센트씩 오르는 극심한 한우파동을 겪으면서 사료를 직접 만들어보기로 결심했다. 그러나 처음부터 순탄했던 것은 아니었다.

주변에서 쌀겨, 비지, 깻묵을 구해 물을 섞어 자가사료를 만들고 배합사료와 반씩 섞어서 소에게 먹였다. 그러다 3개월 후부터는 번식우에게 자가사료만 먹이기 시작했다. 괜찮은 듯 보였지만, 곧 문제가 발생했다. 자가사료를 먹인 소가 실명(失明) 상태의 송아지를 낳기 시작한 것이다. 여기저기 수소문한 끝에 축산과학원에서 답을 찾았다. 실명의 원인은 비타민 A 부족이었다. 그 일을 계기로 축산과학원의 오영준 박사와 자가배합사료의 적절한 배합비율을 고민했다. 비용을 절감하는 데 성공했지만, 사료영양소 불균형으로 송아지 기형, 송아지 설사 폐사, 지방괴사, 번식우 수태율 저하, 등급률 저하 등 문제점이 나타났다. 소값 파동도 지나간 뒤라 주위에서는 다시 자가사료 대신 배합사료로 돌릴 것을 권했다. 하지만 백석환 대표의 생각은 달랐다.

"여태까지 소값 파동을 네 번 겪었습니다. 가격폭락이나 사료비 폭등 같은 것이 언제 다시 올지는 아무도 모릅니다. 본질적인 경영개선이 없이는 계속 그런 위기가 올 때마다 앉아서 당해야 하는 거지요."

백 대표는 2002년 농협중앙회에서 '새농민상'을 받은 것을 계기로 전의석 전(前) 농협중앙회 대전본부장의 조언을 받았다. 전의석 본부장은 성장 단계에서는 단계별로 균형 잡힌 영양소를 공급해야 한다며 영양소의 균형이 맞는 자가배합사료 없이는 오래갈 수 없다고 조언해주었다. 백 대표는 단순한 비용절감뿐만 아닌, 영양소도 제대로 갖춘 보다 더 나은 자가배합사료의 연구에 착수했다. 거기에는 '농협 사이버컨설팅'의 고종렬 박사가 큰 도움을 주었다. 2003년부터 식품부산물을 이용한 자가배합사료를 만들어서 농장에 도입했다. 흰떡, 냉면, 우동, 빵 등 10종의 식품부산물과 맥주공장에서 가져온 부유맥을 새로 사료에 추가했다. 이맘때쯤 사료 배합기의 고장으로 손을 다치고 피부이식 수술까지 받았지만, 백 대표는 포기하지 않고 자가배합사료의 개발에 매달렸다. 육성우 사료를 배합해서 송아지 설사 문제를 개선했고, 종합비타민에 축우용 전용 비타민과 미네랄을 넣었다. 이 부분에는 농협사료 부산바이오의 도움을 받았다. 이런 식으로 각 성장단계별로 5가지의

석청농장의 배합사료를 설명하고 있는 백 대표.

다른 자가배합사료를 개발했다. 결과는 대성공이었다. 앞서 기술한 대로, 73퍼센트의 비용절감 효과를 거두면서도 05~06년 45두의 출하 중 암소와 거세우의 1등급 이상 비율이 84퍼센트 나왔다. 이것은 같은 기간 동안 전국 평균치의 46.2퍼센트보다 2배 가까이 높은 것이다. 송아지 폐사율도 획기적으로 줄어들었다. 자가배합사료(TMR)의 배합비를 완성한 이후, 20퍼센트에 달하던 송아지 폐사율이 1퍼센트로 크게 줄어든 것이다. 지난 3년간 석청농장에서 태어난 102마리의 송아지 가운데 폐사한 것은 단 한 마리뿐이었다. 비용절감과 품질향상의 두 마리 토끼를 한꺼번에 잡은 것이다.

"각종 부산물을 활용한 자가배합사료의 제조와 급여는 결국 하겠다는 의지만 있으면 어렵지 않습니다. 주변의 식품공장이나 유휴지 등을 잘 살펴보면 확보 가능한 부산물이 여기저기에 널려 있습니다. 다만, 자신의 농장 반경 25㎞ 정도 이내에서만 원료를 조달해야 합니다. 그렇지 않으면 물류비 부담으로 인해 경제성을 맞추기 어렵습니다."

가족은 나의 힘

농업인 단체인 4H에서 만나 여태껏 함께해온 아내 오청자 씨는 신혼여행도 농장실습으로 대신할 만큼 열정적인 남편에게 불평 한 마디 없이 거들어준 가장 든든한 동반자이다. 최근에는 아내 외에도 든든한 원군이 한 명 더 생겼다. 바로 국립축산과학원 영양생리팀에서 사료영양을 맡고 있는 연구원인 아들 백열창 씨다. 백 씨는 충남대학교 축산학과를 졸업하고 2009년도에 축산과학원 연구원 7급 공채에 합격했다. 백 씨는 '농산부산물' 앱 개발에 참여하기도 하며 자가배합사료 발전에 한몫을 담당하고 있다. 자연스럽게 집에서 아버지와 아들이 민관합동사업을 벌이는 셈이다.

이런 식으로 백 대표는 현재 20여 농가에 자가배합사료의 사료비를 짜주는 등 자가배합사료 보급에 앞장서고 있다. 백열창 씨는 집에서 아버지를 지켜보며 누구보다 자가배합사료의 효용성을 경험한 체험자로서 이제는 보다 나은 자가배합사료의 개발을 위해 일하고 있다.

비록 농업과 직접 연관이 없는 일을 하고 있지만, 딸과 사위 내외 역시도 백 대표의 든든한 힘이다. 취재 당일 처가에 들렀다 돌아가는 사위에게 백 대표는 하이파이브를 하며 잘 가라는 인사를 대신했다. 장인과 사위 사이에 나누는 하이파이브라니, 보기에도 활력이 넘치는 가족이었다.

백 대표의 어머님도 굉장히 건강해 보였다. 지금도 농장일 뿐만 아니라 집안일도 무리가 없다고 했다. 온 가족이 함께 모여 사진을 찍는데, 왠지 모르게 정겨움이 넘쳐났다. 모든 식구들의 표정이 조금씩 닮아 있었기 때문이었다. 가족의 힘이란 이런 것일까. 나와 닮은 언제나 함께 하는 가족들이 있다는 것 자체만으로도 백 대표는 큰 힘을 얻는다고 했다.

영글어가는 한우체험농장의 꿈
: 도시 소비자와 함께하는 농장경영

80두 규모라지만 200두 규모 이상의 수입을 올리는 농장답게 일도 200두 규모 농장만큼 많다는 석청농장은 한국농수산대학의 현장실습 농장이기도 하다. 한국농업경영인 대전광역시연합회 회장을 4년째 역임하고 있는 백석환 대표는 '부자농장'을 이식시키는 것이 자신의 사명 중 하나라고 말한다. 2008년부터 지금까지 매년 500명이 그의 농장에 견학을 오며, 지금까지 전국의 한우농가 48곳에 석청농장의 경영

4H에서 만나 41년을 함께해온 아내 오청자 씨와 백 대표.

비법을 전수했다. 자신의 일만 돌보면 그뿐이라고 생각할 수도 있지만, 그는 농업경영인회 회장을 맡으며 '농부의 마음을 바꾸는 일'을 시작했다.

"농사짓는 사람들도 마음을 바꾸는 일이 중요합니다. 일에 찌들고 힘들어서 문화생활도 잘 못하는데, 그러면 안 됩니다. 마음이 바뀌지 않으면 농사일도 바뀌지 않습니다. 제가 농업경영인회 회장을 맡고 나서 처음 한 일이 우리도 문화생활을 하자는 것이었습니다."

독립영화 '워낭소리'를 시작으로 1년에 2~3번씩 문화생활을 함께했다. 뮤지컬 '맘마미아'도 함께 보고, 음악회도 보러갔다. 그러면서 조금씩 농업경영인으로서의 경영마인드를 심기 시작했다.

농업경영인의 마인드라고 해서 특별한 것은 아니었다. 농사짓는 사람이라고 해서 스스로 가지고 있던 편견, 늘 바쁘게 농사일에만 매달리며 나도 모르게 각박해진 마음을 추스르는 것부터가 시작이었다.

"각자 명함도 예쁘게 만들고, 농장이름짓기 운동도 시작했습니다. 자기 PR의 시대에 기본적으로 갖춰야 할 것들입니다. 이메일 주소 갖기도 하고요. 특히 대전 지역은 도시근교이기 때문에 도시직거래의 가능성도 많습니다. 하지만 자기 농산물을 자기가 알리지 못하면 아무 소용이 없습니다."

백 대표는 소를 출하할 때, 꼭 중매인들과 경매사들에게 문자 한 줄씩 보낸다. '석청농장의 소가 출하되었으니 많은 관심 부탁드립니다.'

백 대표는 이 한 줄만으로도 매출 증대에 큰 도움을 받는다고 말한다. 3년 전부터는 출하할 때 길게 줄서서 기다리는 동안 '소 물 먹이기 운동'을 하고 있다고 한다. 곧 출하할 소라고 관심을 두지 않는 게 아니라, 끝까지 정성을 다하는 모습에서 다른 사람과는 차별화된다는 것이다.

문자 메시지 같은 건 사실 대단한 홍보 전략은 아니다. 출하를 기다리는 동안, 소에게 물을 주는 것은 홍보를 위해서가 아닌 그저 끝까지 소에게 충실하고 싶은 농부의 마음인지 모른다. 하지만 백 대표는 사람들이 그런 세심한 행동 하나에서부터 차이를 발견하고 마음을 알아준다는 사실을 중시한다.

백 대표는 이제 어느 정도 기반을 갖추고 여유를 누릴 때가 되었음에도 새로운 계획을 준비하느라 바쁘다. 그동안 농사를 지으면서 마음속에 담아두었던 일들을 이제 하나씩 실현시켜볼 작정이다.

석청농장은 지역의 과학벨트 개발로 인해 이전을 준비 중이다. 새로운 농장에는 주말체험농장과 후계육성 교육장을 세울 예정이다. 석청농장의 협력농장도 200곳으로 늘려서 고유 브랜드로 육성한다는 계획이다. 그저 와서 보는 것이 아니라, 실제로 체험해보고 그 내용을 밤새 토론하고 의논할 수 있는 본격적인 공간을 꾸며보고 싶다는 것이 백 대표의 생각이다.

모두들 어서 빨리 석청농장의 장점을 배워서 다함께 부자 농부가 되었으면 한다는 백 대표의 말이 왠지 정겹게 들린다. 언어장애라는 장벽도, 중졸이라는 한계도, 한우 파동이라는 악재도 모두 성장의 기회로 극복해낸 석청농장 백석환 대표. 그는 멈추지 않고 지금도 배우고, 꿈꾸며 일하고 있다. 오늘이 있기까지 도움을 준 이들을 잊지 않는 그는 이제 자신도 누군가에게 도움이 되기를 바라면서.

백석환 대표는 1981년 후계농으로 선정되었고, 현재 대전시 유성구 신동에서 아내와 함께 석청농장을 운영하고 있다. 1983년 새마을 훈장, 2002년 '새농민상', 2006년 농업 신지식인으로 뽑혔으며, 2011년 대한민국 최고농업기술 한우명인 1호로 선정되었다.

대전 산들원 임두재 대표
버섯 없이는 단 하루도 살지 못하는 농부

사랑하는 마누엘 발라다리스 아저씨! 오랜 세월이 흘렀습니다. 오늘로서 저는 마흔여덟 살이 되었습니다. 그러나 그리움 가운데서도 때로는 어린 시절이 계속 되는 듯한 착각을 일으킵니다. 제게 배우 사진이나 구슬을 갖다주시던 모습을 떠올려봅니다. 당신은 저에게 인생의 따뜻함을 가르쳐 주신 분입니다.

마우로 지 바스콘셀로스, 「나의 라임 오렌지 나무」 중에서

    1970년대, 꿈이 있다면 그저 끼니 걱정 없이 잘사는 것이 간절했던 시대. 무엇보다 가난이 가장 싫었던 그때. 한 청년도 지독한 가난과 싸우고 있었다. 그때는 누구나 다 어렵던 시절이었지만, 가난 때문에 공부를 더 하는 대신 공장에 취직해야 할 만큼 어려운 시절을 보냈다. 하지만 공장에서 일하면서 아무런 비전도 찾을 수 없었고, 무엇을 하며 살아야 할까 고민하는 나날이 계속 이어졌다.

    어느 날인가, 누군가 공장 주변에서 영지버섯을 키우는 것을 발견했다. 그 당시는 영지버섯의 수매가가 상당히 높았던 때였다. 본래 목장을 하고 싶었던 청년은 그 사람을 찾아가 영지버섯 키우는 법을 가르쳐달라고 청했다. 그 길로 가진 재산을 다 털어서 당장 영지버섯에 뛰

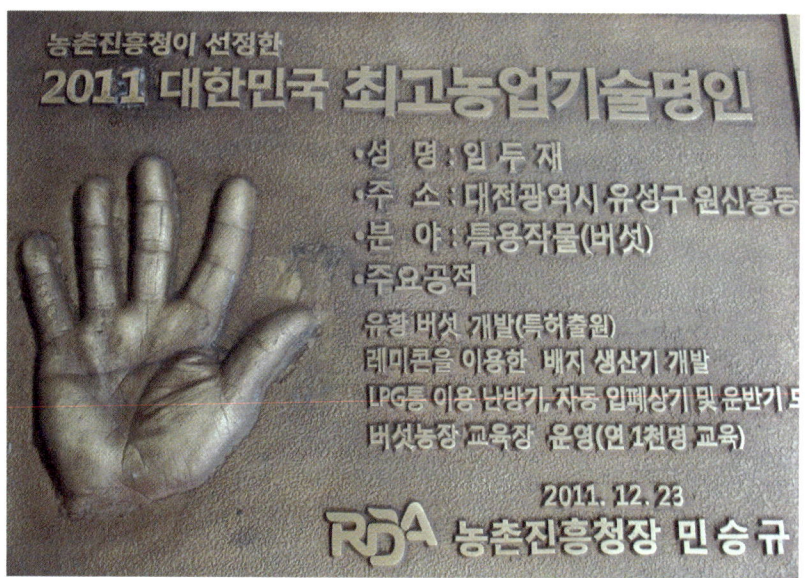

버섯 하나로 농촌진흥청 선정 '2011년 대한민국 최고농업기술명인'에 오른 임두재 대표.

어들었다.

스물여섯 살의 청년은 별 생각 없이 남들이 하는 대로 잡초 제거를 위해서 버섯 재배사(舍) 주변에 제초제를 뿌리고 있었다. 그러다 문득 '사람이 먹는 것인데 이렇게 약을 뿌려도 되나?' 싶었다. 제초제를 내려놓았다. 그때부터 힘들더라도 일일이 손으로 잡초를 뽑기 시작했다. 한 바퀴 돌고나면 또 잡초가 보였다. 청년은 그러면 또 손으로 잡초를 뽑았다. 순진하기도 했지만, 그만큼 정성껏 일했다. 하지만 결과는 대실패였다. 경험도, 기술도 없었던 청년은 패기만으로 버섯농사를 지을 수 없다는 것을 값비싼 수업료를 내고서야 깨닫게 되었다. 그렇지만 그는 물러서지 않았다. 물러서기에는 이미 버섯농사에 마음을 온통 다 빼앗긴 뒤였기 때문이었다.

무엇 하나 변변한 것 없이 시작한 버섯 농사였다. 땅도 없었고 기술도 없었다. 누가 제대로 가르쳐주기는커녕 일부러 찾아가도 잘 가르쳐주지도 않았다. 오로지 혼자서 버섯과 씨름하며 흘려보낸 세월이 25년을 훌쩍 지났다. 머리가 희끗희끗해진 청년은 이제 '버섯 명인'이 되었다.

'2011 대한민국 최고농업기술' 화훼/특작 부문 명인으로 뽑힌 산들원 임두재 대표가 처음으로 버섯농사를 지을 때의 이야기다.

현재 임 대표는 버섯농장 산들원을 운영하며 재배 면적 약 1,900여 평, 버섯 재배사 30개 동에서 해마다 새송이버섯 15톤, 느타리버섯 6톤을 출하하고 있다. 연간 매출액은 약 14억 원 정도다. 버섯농사를 지은 지는 올해로 만 25년째. 그러나 그가 오늘날 이 자리까지 오기 위해서 거쳐야 했던 과정은 참으로 길고도 험난했다.

버섯은 발소리를 듣고 자란다

영지버섯을 실패한 뒤, 임 대표는 '느타리버섯'으로 작목을 전환했다. 한창 느타리버섯이 각광받기 직전이었다. 볏짚재배를 통해서 느타리버섯 재배를 시작한 임 대표는 첫해에는 70퍼센트 정도밖에 수확을 못 봤지만, 느타리버섯이 점차 인기를 얻으면서 자연스럽게 소득도 늘

산들원에서 생산하고 있는 새송이버섯과 느타리버섯. 임대표는 양송이버섯 재배 성공에 그치지 않고 대중성 높은 버섯 재배까지 도전에 나서 성공을 거두었다.

어났다. 그렇게 자리를 잡는가보다 했는데 그게 아니었다.

'세균성 갈반병'이 농장을 덮쳤다. 세균성 갈반병은 온도 변화에서 오는 병인데, 지금은 원인도 밝혀져 있고 예방법도 있지만 그때는 그런 것이 없었다. 속수무책으로 당하는 수밖에 없었다.

"하늘이 무너져 내린 것 같았습니다. 버섯이 꼬부라지고 작목반이 다 빚더미에 앉았습니다. 재배 방식에 문제가 있었던 건데, 그때는 막막했지요. 하지만 결과적으로는 그 일 때문에 제가 성공을 하게 됐습니다. 그 덕분에 양송이버섯과 아가리쿠스 버섯을 재배하게 되었거든요."

임 대표는 영지버섯과 느타리버섯의 실패를 딛고 다시 양송이버섯과 아기리쿠스 버섯에 도전했다. 작목반원 4명과 함께 부여까지 양송이버섯 재배기술을 공부하러 가기도 했다. 양송이버섯을 재배하면서 임 대표는 처음 잡초를 일일이 손으로 뽑던 때처럼 초심으로 돌아가자고 마음먹었다.

14일+55일. 이것은 양송이 재배의 공식이다. 14일은 버섯 재배를 위한 배지 만들기에 필요한 날수이고, 55일은 제조한 배지를 다시 발효시켜 종균을 심고 그것을 배양하고 목토와 관수를 거쳐서 새로운 생명체인 버섯이 나오기까지 걸리는 날수이다.

임두재 대표는 그렇게 69일 동안, 하루도 빠짐없이 최소 하루 5번 이상씩, 시간 나는 대로 재배사에 들어가 버섯을 관찰하고 보살폈다.

농작물은 주인의 발소리를 들으며 자란다는 말처럼 산들원의 버섯은 임 대표의 발자국 소리를 들으며 자랐다. 그냥 재배사에 들어가면 되는 것이 아니라, 들어갈 때마다 재배사 입구에 있는 소독용 알코올을 적신 발판에서 옷과 모자를 소독해가며 하는 일이었다.

열정이 너무 과한 탓이었는지 한번은 해충 제거를 한다며 살충제를 쓰다가 잘못해서 어린 버섯을 모조리 죽이고 하나도 수확을 못 한 적도 있었다. 그런 식으로 하나씩 시행착오를 통해서 배우며 양송이버섯을 키웠다.

양송이버섯의 신선도를 유지하기 위해 밤을 새워가며 고민하기 일쑤였고, 소비자들에게 새로운 버섯요리를 알려보자고 해서 아내와 같이 안 만들어본 버섯요리가 없었다. 버섯 해물전, 버섯 장조림, 버섯 계란찜, 버섯 장아찌, 말린 버섯볶음 등등. 임 대표가 이렇게까지 노력한 데는 나름의 사정이 있었다. 산들원이 자리한 대전 지역이 전국에서 가장 '양송이버섯' 소비량이 적은 곳이었기 때문이었다. 소비가 적다 보니 출하가격도 낮았던 것이다.

당시 대전은 출하가격이 7,000원 수준이었는데, 온도 때문에 양송이버섯을 키우지 못하는 대구 지역은 1만 4,000원, 대전의 딱 2배였다. 임 대표는 작목반 회의를 거쳐 대구에 납품하기로 했다. 그러면서도 대전에서 농사짓는 사람으로서 대구에만 납품하는 것이 마음에 걸렸다. 대전 공판장에 가서 "필요한 양만 넣어주겠다"고 제안했다. 아가리쿠스 버섯도 성과가 좋았다. 아가리쿠스 버섯은 전량을 일본에 수출했다. 처음으로 버섯농사를 짓고 경제적으로도 안정을 이뤘다. 작목반 전체 매출액이 40억 원에 육박했다. IMF 금융위기로 다들 어려움을 겪을 때, 임 대표는 오히려 빚을 다 청산했다. 하지만 퇴비를 사서 쓰다 보니 성에 차지 않는 부분이 있었다. 퇴비의 품질도 원하는 대로 좋은 것이 늘 오는 게 아니었고, 비용부담도 컸다.

임 대표는 퇴비에 대해서 연구하기 시작했다. 60평짜리 하우스 한 동을 아예 '퇴비'를 개발하는 데만 썼다. 몇 번 실패하기도 했지만, 마침내 퇴비를 직접 만들어서 무려 50퍼센트의 원가 절감 효과를 거뒀다. 그 덕분에 2001년에 '신지식 농업인'으로 뽑히기도 했다. 어렵게 얻은 기술인데 주변에서는 공개하지 말자고 했지만, 임 대표는 느타리버섯을 배우러 다니면서 도통 기술 공개를 꺼리는 사람들 때문에 고생했던 생각이 났다. 주변의 반대를 무릅쓰고 전국 방송에 나갔다. 전국에서 퇴비에 대한 문의가 쇄도했고, 임 대표는 숨기지 않고 다 가르쳐주었다.

늘 한결 같은 첫 마음으로 살기

양송이버섯과 아기리쿠스버섯만으로도 임 대표는 충분히 성공한 농업인이었다. 그런데도 그가 '새송이버섯'에 뛰어든 이유는 무엇이었을까?

산들원 버섯농장의 외부 전경.

"자연산 송이버섯이 좋긴 하지만 너무 고가이기 때문에 앞으로는 새송이버섯이 각광받지 않을까 생각했습니다. 농장은 어느 정도 안정됐지만 거기에 안주하기보다는 새롭게 또 도전하고 싶었지요. 어릴 적에 어머니가 농사일을 도와달라고 하시면서 도랑을 좀 파달라고 할 때는 어림도 없었는데, 버섯에 관해서는 도통 제가 가만히 있지를 못합니다."

아무리 양송이버섯과 아가리쿠스버섯을 잘 키웠다고 해도 '새송이버섯'은 또 처음부터 배우며 시작해야 했다. 어지간한 사람 같았으면 귀찮아서라도 기존의 하던 것들에만 신경을 쓰고 말았을 것인데, 임대표는 다시 처음 버섯농사를 시작하는 마음으로 새송이버섯에 매달렸다. 농업기술센터에서 새송이버섯의 종균을 구해왔다. 임 대표는 '이번에는 내가 직접 우량 종균을 배양해야겠다'고 마음먹었다. 1년 동안 매일 새벽 4시면 종균 배양을 하기 위해 농장에 나왔다. 버섯에 대한 열정은 스물여섯 살 때나 그때나 변함이 없었다. 종균 배양을 하며 돈을 까먹으면서 임두재 대표는 즐거웠다고 한다. 그만큼 새송이버섯의 종균배양 작업이 재미있었기 때문이었다. 1년여가 지나자 드디어 만족할 만한 우량 종균 배양에 성공했다.

하루에 7,000병 정도 규모의 종균 배양병이었다. 그런데 종균 시설을 들일 자본이 부족했다. 지금은 자동화시설을 들여서 하루 1만 병의 종균병을 처리하고 있지만, 새송이버섯을 막 시작한 그때 당시는 일일이 손으로 뚜껑을 여닫는 수밖에 없었다. 일일이 잡초를 뽑던 스물여섯 살 때의 열정이 여전히 남아 있었다.

"어렵고 힘든 줄은 저도 압니다. 하지만 지금 내가 처한 형편에서 내가 가지고 있는 것으로 최선을 다해야하지 않겠습니까? 시설을 들이고, 돈을 들이면 일은 쉬워지지만 그것은 그럴 만한 형편이 될 때 하는 것이지요. 지금 하우스에서 쓰고 있는 난방기도 LPG통을 주워다가 직접 만든 겁니다. 저는 그게 부끄럽다고 생각하지 않아요. 오히려 내실 있게 비용을 절감할 수 있으니까 더 좋은 거 아니겠습니까?"

임 대표는 지금 잘나간다고 해서 그것이 당연하다고 여기면 무너지는 것은 한순간이라고 여긴다. 오히려 잘나갈 때 초심을 잃지 않고 신중하게 되돌아보며 가는 게 맞다는 것이다.

아들도 함께 따라 걷는 길

임 대표의 아들 임수영 과장 역시 군을 제대하고 아버지의 뒤를 따라 "농사를 짓겠다"며 한국농수산대학 특용작물학과에 입학해 버섯 배양을 공부했다. 임 과장의 아내 역시 같은 한농대 원예학과를 졸업했다. 아들과 며느리가 임 대표의 든든한 동료로 합류한 것이다.

아들이 농사를 짓겠다고 할 줄은 몰랐다던 임 대표는 요즘 아들이 농장에 합류하면서 산들원의 제2기를 준비하고 있다.

우선 전문적인 경영시스템을 구축해서 버섯생산단지를 만드는 것이 목표다. 현재 새송이버섯은 자가 배양이 안 되기 때문에 생산비용이 높은 편인데, 새송이버섯의 종균을 자가배양하고, 버섯의 생산량과 규모를 확대하는 것이 앞으로 버섯농가가 가야 할 방향이라고 보는 것이다. 그러나 그것이 품질과 생산량 중 생산량으로 가자는 것은 아니다. 어디까지나 품질을 전제한 다음의 이야기인 것이다.

임 대표는 특히 각 재배사별 생육일지와 수확일지, 혼합일지를 꼼꼼하고 체계적으로 기록하여 이력 추적제를 실시하고 있다. 이렇게 함으로써 계절별로 문제가 발생했을 때 역추적을 통한 해결이 가능하고, 시간이 지나 자료가 축적됐을 때는 그 자체로 하나의 좋은 경영 데이터

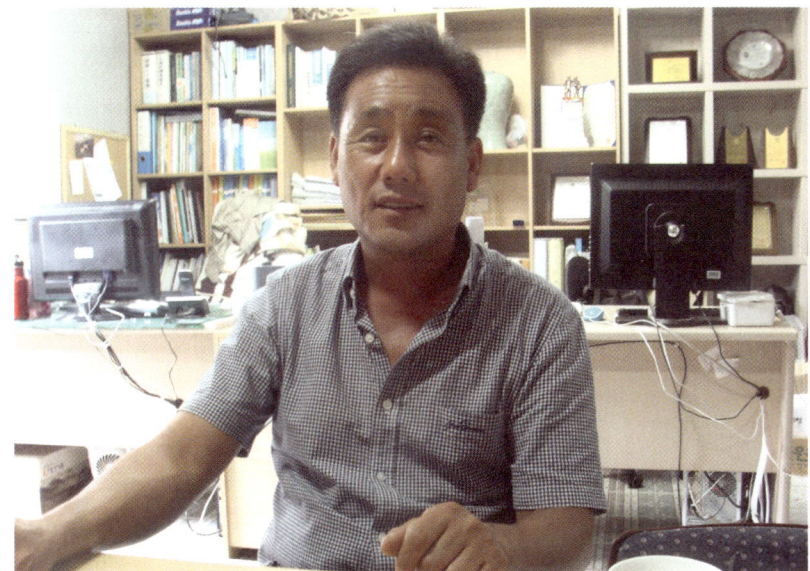
잘 정돈되어 있지는 않지만 버섯에 관한 책으로 둘러싸여 있는 임대표의 사무실.

를 얻을 수 있기 때문이다.

　실제로 버섯 재배의 특성상 가장 중요한 것이 바로 '온도조절'과 '이산화탄소 농도관리'다. 임 대표는 버섯 품질이 평균에 미달하거나 생산량이 떨어지는 경우에는 곧장 '재배일지'를 뒤져서 그 원인을 찾아내 개선한다.

　"저는 몸으로 버섯농사를 배웠고, 이제 아들은 체계적인 학문으로 버섯농사를 배웠지요. 뭔가 이상하다 싶어서 아들에게 찾아보라고 하면, 아들이 '정말로 아버지 말이 맞다'며 신기해 합니다. 그렇지만 시설관리나 농장을 운영하는 것에 있어서는 아들이 오히려 저보다 낫습니다. 이제 둘이 같이 협력해서 더 발전하도록 해야겠지요."

앞으로의 전망을 묻는 질문에 임 대표는 '중국산 영지버섯의 수입이나 노란 곰팡이병 확산, 세균성 갈반병 발생 등 외부 요인으로 인해 여러 번 버섯품종을 바꾸기도 했지만 결국 그 과정에서 얻은 것은 소비자들의 기호 변화를 간파한 것'이라며 '변화를 두려워하지 말 것'을 주문했다.

농업은 변화에 민감해야 한다. 소비자와 시장에 대한 감각 없이는 늘 뒤쳐질 수밖에 없다는 것이 임 대표의 지론이다. 그렇다고 해서 유행만 쫓아다니라는 뜻은 아니다. 임 대표는 항상 자기 분수껏 무리하지 않는 범위 안에서 변화를 모색해왔다.

"남에게 빚지지 않고 내 힘으로 할 수 있는 것, 그게 행복이 아닐까요?" 요즘 손주를 보는 재미에 푹 빠져 산다는 임 대표가 빙긋이 웃으면서 말했다.

애초부터 환경이 뒷받침 됐다든지, 공부를 많이 했다든지, 혹은 요령이 있어서 시작한 길은 아니었다. 돈도 기술도 아무런 도움도 없이 시작한 길이었고, 실패와 좌절은 늘 그 길 여기저기에 도사리고 있었다. 농장 안에서 세심하게 버섯을 하나하나 살펴보는 임 대표의 모습에서 진정한 장인의 모습을 찾을 수 있었다. 단순히 자본력과 학벌을 배경으로 하는 것이 아닌 그만의 끊임없는 노력이 그를 버섯 명인의 반열에 오르게 한 것이다. 버섯과 함께하는 그에게서 진정한 행복을 느낄 수 있었다. 행복, 임두재 대표는 순전히 남다른 열정과 성실함만으로 그렇게 소박하지만 값진 행복을 길어내고 있었다.

임두재 대표는 1997년에 후계농으로 선정되었고, 현재 대전시 유성구 원신흥동에서 버섯농장 '산들원'을 운영하고 있다. 대전시 버섯연구회 회장을 역임하며 양송이버섯, 아가리쿠스버섯 재배를 통해 2001년 '신지식 농업인상'을 수상했고, 2004년 '새농민 본상 친환경 산업포장'을 수여받았다.

Section3
부농 프로젝트 – 품질 혁신

열풍에 휘둘리지 않고 품질로 승부하다

시흥 월곶영농 정찬주 대표
쌀 한 톨에 담은 마음, 큰 나무 같은 농부

광주리 향기로운 보리밥
아욱국 달다 달아 숟갈에 매끄럽게 흐르네.
어른 젊은이 차례로 둘러앉아
와자지껄 밥 먹는 소리 요란하다.
달게 포식하매 속이 든든하니
배를 북처럼 두드리고 그저 흡족할 뿐
강희맹, 「농구십사장(農謳十四章)」 중에서

    '밥'은 평범하지만 특별하다. 매일 먹는다는 점에서는 흔하게 여길지 모르지만, 진수성찬 밥상에서 정작 '밥'이 빠진다면 어떻겠는가? 아무리 잘 차려놓은 반찬이 많다고 해도, 밥이 없으면 그 밥상이 무슨 소용인가.

    흔히들 "한국인은 밥심으로 산다"고 말한다. 우리나라 사람들이 오며가며 건네는 인사도 '밥 먹었냐'고, 멀리서 고생하는 자식들에게 건네는 어머니의 안부인사 또한 '밥은 잘 먹고 다니냐'다. 찬바람이 몰아치는 추운 겨울이면 우리는 자연스레 따뜻한 국밥 한 그릇을 떠올린다. 새로 담근 김치만 있어도 맛있게 밥 한 공기 뚝딱 해치우는 게 또 한국 사람이지 않는가.

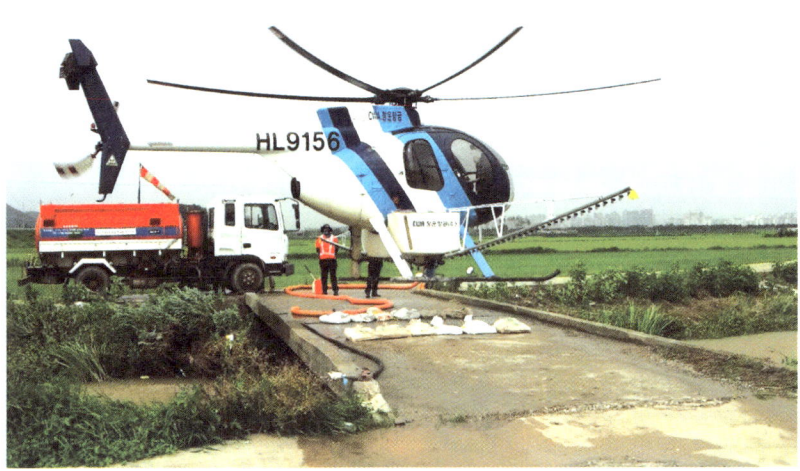

8만 평의 농사를 짓는 만큼 현대화된 작업을 하는 월곶영농의 벼농사 현장.

해마다 쌀 소비량이 줄어들고, 더 이상 쌀이 주식(主食)이 아니라는 걱정도 간혹 언론을 통해서 나온다. 실제로 한국농촌경제연구원에 의하면 우리나라의 쌀 소비량은 1981년부터 32년째 감소하고 있다. 하지만 여전히 우리나라 사람들의 일인당 쌀 소비량은 68.7kg으로 일본 58.5kg, 대만 48.1kg보다 훨씬 많은 편이다.

올해로 서른셋인 월곶영농 정찬주 대표는 혼자서 8만 평의 벼농사를 짓는 후계농이다. 한창 많이 지을 때는 17만 평까지도 혼자서 감당했다고 한다. 2002년 한국농업대학 식량작물학과를 졸업한 정 대표는 현재 한국농업대학의 현장교수도 겸하고 있다. 하지만 스스로 배움의 끈을 놓지 않는 정 대표는 2012년 2월, 한농대 전공심화과정을 졸업하면서 농림수산식품부 장관상을 수상하기도 했다.

현재 시흥 월곶동과 서산시 고봉면에서 벼농사를 주로 하고 있으며, 콩, 보리, 마늘, 옥수수 등도 재배하고 있다. 젊음과 패기가 넘치는 이 젊은 농부는 이미 스물아홉 살 때, 연간 3억 5,000만 원의 매출을 올렸으며, 순익만도 1억 5,000만 원에 달할 정도였다. 나이는 젊지만, 올해로 영농 경력 11년째를 맞이하는 정 대표는 특히 벼직파 재배, 작물 재배법 개선, 신품종 기술재배에 있어서 인정받는 '실력파' 농부다.

마라토너의 꿈, 부상, 아버지

정 대표는 초등학교 시절부터 육상선수로 활약한 마라토너 출신이었다. 만약 대학 진학을 앞둔 고등학교 2학년 때, 불의의 허리부상이 없었더라면 그는 지금쯤 마라토너로서 활약하고 있었을지도 모르겠다. 올림픽 금메달을 꿈꾸며 마라톤을 하기 위해 진학한 수원공고의 코치 선생님 역시도 그대로 마라톤을 포기하기보다 '재활'을 권했을 만큼 그는 가능성을 인정받던 유망주였다. 하지만 1년여의 재활에도 더 이상 마라토너로서 운동을 계속할 수 없다는 진단을 받고 말았다. 앞날이 창창했던 십대 후반의 육상선수에게 이것보다 더 혹독한 시련이 어디 있었을까. 초등학교 시절부터 매달려온 육상은 그에게 있어 인생의 전부나 마찬가지였다. 힘든 시기를 보내던 아들을 아버지는 그저 잠자코 지켜보기만 했다. 대대로 벼농사를 지어온 정 대표의 집이었다. 어느 날, 방황에 빠진 아들에게 드디어 아버지가 조용히 입을 열었다.

"젊다는 것 하나만도 큰 재산인데, 언제까지 맥없이 주저앉아 있을 것이냐, 세상에는 아직도 네가 도전할 수 있는 할 일들이 많다."

처음부터 농사를 지으라고 권한 것은 아니었다. 아버지는 아들이 농사 말고 어떤 일을 하든지 상관없었다. 그저 다시 딛고 일어서서 아들이 무엇이든 새로운 일에 도전하기를 바라는 마음이었다. 그런데 아들은 아버지의 말을 듣고 '농사'를 선택했다.

"아버지께서 매일 땀 흘려 일궈놓으신 논밭을 보면서 다시 한 번 곰곰이 생각해보게 되었습니다. 여태까지 운동하느라 유심히 보지는 않았지만, '농업'이 제게 새로운 도전이자 희망으로 다가왔습니다. 그래, 열심히 한번 해보자는 싶었습니다."

밭을 관리하는 정찬주 대표.
처음부터 농사를 지으려 했던 것은 아니지만 지금은 가장 행복한 일이 농사라고 말한다.

고등학교 3학년, 마라토너였던 정 대표는 그때부터 날마다 아버지를 따라 논으로 나가기 시작했다. 전공을 살려서 사회체육과로 진학해서 사회경험을 쌓으며 농사를 지을까 잠시 고민하기도 했지만, 본격적으로 농사를 배우고 싶어서 한농대 식량작물학과에 지원했다. 기대했던 것처럼, 농업을 공부한 것은 정 대표에게 큰 힘이 되었다.

"농사도 관행이나 요령이 아니라 체계적으로 공부해야 하는 학문이라는 것을 깨닫게 되었습니다. 정확한 계측과 현대적인 기술을 잘 이용하면 수십 명이 하던 일도 혼자서 해낼 수 있다는 것을 알았습니다."

정 대표는 대학 입학 후, 병역도 후계농업경영인 산업기능요원으로 복무하며 줄곧 농사에 몰두했다. '대규모 농경지의 과학영농' 이것이 그에게 주어진 과제였다. 정 대표는 대대로 농사를 지어온 아버지와 함께 때로는 부딪히기도 하고 때로는 토의하고 같이 연구도 해보면서 농사를 익히고 배워나갔다. 정 대표는 아버지와 함께 조화를 이뤄서 일하기까지 5년 정도의 시간이 걸린 것 같다고 말했다. 학교에서 공부한 내용과 현장의 내용이 서로 어우러지면서 자연스럽게 정 대표는 독립적으로 일을 맡아서 하게 되었다. 아버지는 정 대표에게 다시 일어설 수 있게 격려해준 힘이자, 또 다른 '농사의 교본'이기도 했던 것이다. 정 대표는 그렇게 부상을 이겨내고 농사의 길을 걷게 되었다.

신지식 농업인의 과학영농과 공동체 정신

정찬주 대표는 대학을 졸업하고 4만 평이 넘는 논에서 본격적인 농사를 시작했다. 트랙터, 이앙기, 콤바인, 관리기 등의 농기계와 무인헬기를 이용한 농약 살포로 거의 대부분의 재배 과정을 혼자서 해냈다.

여기서 중요한 것은 대규모가 아니라, '혼자서' 다. 물론 전 과정을 100퍼센트 혼자 힘으로만 한다는 뜻은 아니다. '과학영농'을 통해 영농 과정을 최대한 간소화해보자는 것이다. 아무래도 인력난을 겪고 있는 농촌의 현실도 고려해야 하고, 비용 절감의 목적도 있다. 무엇보다 중요한 것은 그러한 현실에도 계속해서 농업을 이어갈 수 있도록 더 효율적인 방법을 찾는 것이다. 그렇게 효율성을 극대화 하면서 효율성 있는 개인들이 협력하는 것, 바로 이것이 정 대표가 추구하는 새로운 농업인상이다.

"사람들은 보통 남의 시선을 의식해서 그런지 재배면적을 고려하지 않고 무조건 대형기계를 고집하는 경향이 있습니다. 하지만 먼저 자신의 재배면적에 대한 정확한 이해와 계측이 있어야 하고요. 되도록 대형기계보다는 경영비를 최소화할 수 있는 작은 기계를 활용해서 효율성을 높여야 합니다."

정 대표는 20만 평까지를 혼자서 감당할 수 있는 상한선으로 보고 있다. 무조건 규모를 늘리는 것이 목표가 아니라, 자신의 능력과 환경, 품종에 대한 연구, 재배방법의 개선, 정확한 재배 여건에 대한 이해로 도출한 과학적인 결론인 것이다. 하지만 정찬주 대표가 추구하는 '과학영농'의 밑거름은 '탄탄한 인간관계'에 바탕하고 있다.

정 대표의 집은 대대로 시흥에서 농사를 지어왔기 때문에 주변의 농가들 또한 오래 전부터 함께 농사를 지어왔다. 겨울철에 눈이 내리면 정 대표는 가장 먼저 나가서 트랙터를 가지고 제설작업을 한다. 누가 시켜서 하는 것이 아니라 태어나서 여태껏 자란 동네에 대한 애착 때문이다. 정 대표는 농부가 사는 법은 예나 지금이나 '서로 함께하는 삶'에 있다고 굳게 믿는다.

"혼자만 덩그러니 떨어져 있는 논은 없습니다. 물을 대는 일을 할 때, 날이 더워서 벼가 마르는 것이 눈에 보이는데 옆에 있는 논이라고, 내 논이 아니라고 그냥 놔두겠습니까. 같이 물을 대줘야지요."

유난히 사람들을 좋아하는 성격도 한몫했는지, 정 대표는 식량작물학과 재학시절부터 사람들과 함께 하는 일을 열심히 했다. 각종 학생활동은 물론이고, 4-H 활동도 열심이었다. 작년까지 시흥 4-H 회장이었다. 정 대표가 회장을 역임하는 동안 시흥 4-H회는 시흥지역의 사회복지시설인 '어린양의 집'을 직접 방문해서 쌀 280kg을 전달하는 등 봉사활동에도 적극 나섰다. 특히 이날 봉사활동에서 정 대표는 연령제한으로 자동 탈퇴된 회원들까지 불러서 함께 참여하도록 했다. 생색내기 위한 봉사활동이 아니라, 회원이기 전에 같은 동료이자 친구들과 그 시간을 함께 보내고 싶었기 때문이었다. 시흥지역 4-H는 또한 활발한 학생활동으로도 잘 알려졌다. 4-H는 영농 4-H회와 학생 4-H회로 나뉘어져 있는데, 학생 4-H회의 경우, 다시 원예 4-H와 농악 4-H회로

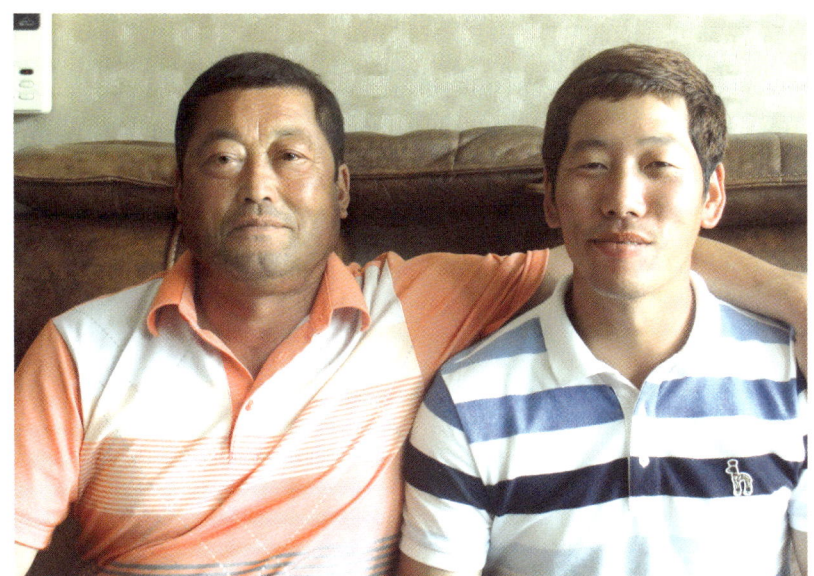
든든한 버팀목이라 '농사의 교본'이었던 아버지와 함께한 정 대표.

나누어 활동했다. 특히 농악 4-H의 경우에는 시흥시에서 추진하는 '전통문화 계승사업'에 참여하며 경기도 내 18개 시, 22개 군이 참가한 '제11회 도지사기 4-H 전통 민속문화 경연대회'에서 최우수상의 영예를 안기도 했다. 정 대표는 직접 초등학교 4-H 벼 재배강사로 활동하기도 했다. 정찬주 대표는 현재 4-H 외에도 한농대 경기도 동문회장, 식량작물학과 총동문회장도 맡고 있다.

그렇다면 활발한 공동체 활동과 사람을 좋아하는 성격이 어떻게 '과학영농'으로 연결되었을까? 답은 의외로 간단하다. 내가 해보고 좋은 것이 있으면 자연스럽게 주변에 알리고, 내가 알려준 내용이 좋은 성과를 얻을 수 있도록 돕고, 그 과정에서 더 나은 방법을 모색하는 노력이 다시 '과학영농'으로 이뤄지는 것이다. 한 마디로 '공동체 정신'과 '과학영농기술'이 시너지 효과를 내는 것이다.

"한번은 한꺼번에 8만 평의 논을 위탁하신 분이 계셨습니다. 그 후에도 계속 그분을 도와드렸는데, 못자리 내는 것, 벼 베는 것, 하나하나 같이 상의하면서 해드렸지요. 또 한 번은 모판을 실패한 분이 계셨어요. 얼른 제 모판을 들고 가서 이앙을 해드렸습니다. 신품종이 나오면 소개도 해드리고, 또 사람들이 먼저 묻기도 합니다. 저는 농사지으면서 '자네 덕분에 농사 잘 지었어'하는 말을 들으면 '농사짓기 정말 잘했구나' 싶어서 너무 행복합니다."

주변 농가뿐이 아니다. 농업기술센터에 있는 분들이나 농협 직원 분들과도 호형호제하며 평상시에도 만나고 서로 고민을 나눈다. 그러다 보면 책으로 나오기도 전에, 신품종에 대한 정보도 접하게 된다. 정 대표는 지금도 해마다 여러 가지 품종을 심고 테스트하면서 어떻게 하면 더 좋은 결과를 낼 수 있을까 연구한다. 때문에 늘 정 대표의 논에는 여러 가지 품종이 함께 심겨 있다. 지금은 신동진, 동진찰벼, 칠보겨 같은 품종들이다. 그러면서 자연스럽게 자신의 주변에 재배 방법, 비료 주는 시기, 물 빼는 시기 같은 농사법들을 통째로 다 공유하는 것이다.

올해 같은 경우는 작황이 좋은데, 특히 서산 지역에서 '퇴수로에 떨어지는 물을 다시 받아서 순환하는 방법'으로 좋은 효과를 거뒀다. 이

것을 바로 시흥 농촌지도계에 건의하여 시흥지역에서도 시도해볼 작정이라고 한다.

정찬주 대표가 주력하는 재배 방법은 바로 '직파재배'다. 우리가 보통 알고 있는 벼의 재배는 모판 또는 못자리에 종자를 뿌려서 일정 기간 기른 다음 다시 옮겨 심는 방식인 이식재배인데, 직파재배는 이와 다르게 노동력이 가장 많이 들어가는 '못자리 과정'을 생략하고 농경지에 직접 씨앗을 뿌려서 재배하는 방식이다. 직파재배를 할 경우, 물 관리가 용이하고 노동력 절감 효과와 기계화 효율성의 장점을 볼 수 있다. 최초의 벼농사의 형태 역시 직파재배 방식이었다고 한다. 하지만 기존의 직파재배는 잡초발생, 출수 불균일, 도복(벼가 넘어지는 것) 우려 등으로 점차 육묘/이식재배로 바뀌었던 것인데, 요즘에는 농업기술의 발전으로 직파재배의 단점을 보완하게 되면서 고령화 시대의 새로운 농사법으로서 다시금 각광받고 있다.

정 대표는 시흥에서 먼저 생력재배 방식인 점파직파재배에 성공했고, 현재 서산지역의 벼 직파 생력재배 공동연구를 위해 한국농업대학 식량작물과 교수와 공동연구를 진행하고 있다.

"서산 지역은 바다를 간척해 만든 농토로 토질에 염분 비율이 높아 벼 직파에 실패하고 있습니다. 벼 직파를 서산 지역에서 성공할 수 있다면 제 꿈은 분명 이뤄질 겁니다. 계속 시도해봐야지요. 당장 안 된다고 해도 시도하는 과정에서 얻는 것도 있으니까요."

서산에서도 직파재배에 성공한다면, 정 대표는 비교적 규모가 큰 서산에 '대규모 생력재배단지'를 만들고, 시흥에는 '고품질 친환경 농산물 재배단지'를 조성하겠다는 구상을 갖고 있다.

농사는 하늘과 사람이 함께 짓는다

농한기를 이용해 2~3년 공장도 다녀보고, 또 운동신경과 승부욕이 있다 보니 일이 없을 때에는 곧잘 놀기도 했었지만, 정 대표는 '결혼'을 계기로 더욱 '농업'에 몰두하게 되었다고 한다. 남들보다 조금 일찍 결혼했지만, 오히려 덕분에 좀 더 진지하고 폭넓게 '미래'를 바라보게 된 것이다.

농사를 지으려면 아무래도 좀 더 성숙한 마음이 필요하다. 결혼을 하고 난 후, 아이를 낳고 키우면서 정 대표는 농사를 짓는 것도 아이를 키우는 마음과 같다는 것을 깨달았다. 어쩌면 결혼을 통해서 좀 더 농부다워진 것인지도 모르겠다.

"큰 나무가 되고 싶습니다. 가을이 되고 수확을 하면서 바라보는 경치는 예사롭지 않게 보입니다. 엄숙해진다고 할까요. '정직하게 살아야지' 다짐하게 됩니다. 농사라는 건 사람이 하는 일과 하늘이 하는 일이 따로 있는 것 같습니다. 아니, 사람과 하늘이 서로 돕지 않으면 안 되는 것이 농사입니다. 저는 가뭄이 들거나 폭우가 오거나 해도 걱정하지 않습니다. 그건 사람이 하는 일이 아니잖아요. 하늘이 하는 일을 담담히 받아들이면서 내가 해야 할 일에 최선을 다해야지요."

정 대표는 앞으로 농사를 지으려는 사람들에게 실패를 두려워하지 말고, 신중하고 겸손하게 준비할 것을 조언한다. 정말 중요한 것은 '농사'보다 '농부'가 되어서 '농촌 공동체'의 일원으로 살아가는 자세다. 어찌 보면 귀농이라는 것은 이미 만들어진 삶의 영역에 들어가는 것이고, 자칫 다른 사람들의 삶터를 침범하는 일이 될 수도 있기 때문이란다. 하늘과 사람이 서로 함께 짓는 것이 농사이듯이, 사람과 사람이 함께 어울려 사는 것이 또한 농촌의 삶이다.

한국농업대학 현장교수로 지금까지 4년 동안 '미래의 농부'들이 정 대표의 월곶영농을 거쳐 갔다. 지금도 실습생 한 명이 와서 일을 돕고 있는데, 이들은 농장 1기, 2기 하는 식으로 나름의 소속감과 유대감을 가지고 실습이 끝난 뒤에도 서로 함께 모이고 또 같이 일하고 있다.

경쟁이 아니라 함께 일하는 '협동'이 더 중요한 삶, 내 것이 아니라 남의 것을 먼저 챙길 때 오히려 더 풍성해지는 삶. 농업에 담긴 여러 가지 가치 중에서 가장 따뜻한 가치가 아닐까. 이제 농사를 짓게 된지 11년 째. 여기, 아낌없이 주는 나무처럼 크고 따뜻한 나무를 만났다.

정찬주 대표는 2000년 후계농으로 선정되었고 현재 경기도 시흥시 월곶동과 서산시 고봉면에서 '월곶영농'을 운영하고 있다. 한국농업대학 식량작물학과를 졸업하고 2012년 전공심화과정을 졸업하면서 농림수산식품부 장관상을 수상했다. 2008년에는 '제28회 농어촌청소년대상' 농촌진흥청장상을 수상했고, 현재 한국농업대학 현장교수이기도 하다.

창녕 우포 파프리카농장 윤정수 대표
맛있는 인생, 농부로 살아가기

"인생은 요리처럼 모든 재료를 다 넣는다고 해서 늘 조화로운 맛을 낼 순 없다.
입에 들어가면 입맛 따라 맵고, 짜고, 단맛이 다르게 느껴진다"
영화 〈음식남녀〉 중에서

파프리카 이야기

씹으면 아삭하고 부서지는 경쾌함, 노랑, 빨강, 주황, 초록 여러 가지 진한 색감이 더욱 기분 좋은 채소. 은근히 입 안에 퍼지는 달콤함이 매력적인 이 채소의 이름은 무엇일까? 바로 파프리카(paprika). 유럽이나 북미에서 영어로 '파프리카'를 찾으면 아마도 채소 파프리카 대신에 파프리카로 만든 향신료를 건네줄 것이다. 프랑스에서는 이 채소를 '파프리카'라고 하지 않고 '피망'이라고 부른다. 그러면 파프리카의 우리말 이름은 무엇일까? 바로 '단고추'다. 그렇다, 파프리카의 정체는 바로 '고추'다. 하지만 매운 맛을 내는 캡사이신 성분이 열성인자인 탓에 맵지 않은 '단고추'가 된 것이 바로 '파프리카'다.

일본으로 80퍼센트 수출하는 우포 파프리카 농장의 싱싱한 파프리카.

　남미와 북유럽 등이 원산지로 알려진 파프리카는 네덜란드에서 개량되어 우리나라까지 들어왔다. 현재 우리나라에서 수입하는 파프리카 종자는 모두 네덜란드산이다. 1995년 무렵, 처음으로 국내에 도입된 파프리카는 그동안 거의 대부분 수출용으로 주로 재배되다가 최근 들어서는 국내에서도 점차 소비가 늘어나면서 국내 출하 물량 또한 증가하는 추세이다. 그러나 경상남도의 경우에는 생산물량의 거의 99퍼센트를 일본으로 수출하고 있는데, 이는 경남 지방의 온난한 기후와 높은 일조량, 일본과 가깝다는 지리적인 이점을 가지고 있기 때문이다. 경남 지역은 한국의 파프리카 전체 수출액의 65퍼센트를 차지할 만큼 그중에서도 높은 비중을 점하고 있다. 특히 경상남도 지역 파프리카의 선도농가에서 생산하는 파프리카 생산량은 단위면적 3.3㎡당 80kg에 육박하는데 이는 세계적인 파프리카 생산국인 네덜란드와도 거의 맞먹는 수준이라고 한다.

최근에는 국내에서도 파프리카 종자의 개발에 성공했다는 반가운 소식도 들린다. 씨앗 한 알에 600원가량 하는 파프리카 수입 종자는 '금보다 비싼 파프리카'라는 말이 있을 정도다. 종자 수입액만 매년 60억 원 이상이 들었는데, 앞으로는 비용절감 효과를 기대해볼 수도 있을 것 같다. 국내에서 이처럼 국산 종자 개발에 서두르는 이유도 그만큼 파프리카가 널리 보급되었다는 증거일 것이다.

'후계농' 젊은 농부의 삶

원래 토마토 재배 등으로 유명했던 경상남도 창녕군 대지면의 '우포 파프리카농장'의 윤정수 대표도 부친인 윤병도 씨가 1995년 파프리카 도입 초창기 때 토마토에서 파프리카로 작목을 전환했다. 원래 1,000여 평 규모였던 파프리카 재배면적은 이제 2,200여 평 규모로 늘었고 생산량도 연간 120톤 정도로, 이 중 80퍼센트는 일본으로 수출을 하고 있다.

올해 서른셋의 젊은 농부인 윤 대표는 한국농수산대학 채소학과를 졸업하고 2003년 후계농으로 선정된 뒤, 곧장 파프리카 재배에 합류

환경제어 시스템에 의해 체계적으로 관리되는 파프리카 모종.

해서 올해로 10년째 파프리카를 재배하고 있다. 또한 2011년에는 경상남도로부터 '자랑스러운 농업인상'을 수상하기도 했다.

윤 대표는 수상 소감에서 "상을 받게 돼 영광스럽게 생각하며 앞으로 더욱더 열심히 재배기술을 익혀 연 4억 원의 수익을 창출해 경남 최고의 수출 농단이 될 수 있도록 노력하겠다"고 밝혔었다.

위로 형이 한 명 있는 윤 대표는 형과는 달리, 어릴 때부터 농사에 뜻을 두었다. 윤 대표의 집에서는 토마토 농사를 지었기 때문에 윤 대표도 채소 재배에 친숙했다. 파프리카를 만난 것은 오히려 대학을 갈 무렵이었다고 한다.

작목전환의 계기는 아무래도 국내의 불안정한 가격 탓이 컸다. 1990년대 초, 토마토 가격이 폭락하자 윤 대표의 부친인 윤병도 씨는 아예 작목전환을 시도했다. 파프리카의 경우는 정부에서 나서서 권장한 작목이라기보다는 농가들 스스로 발굴해낸 편에 가깝다. 90년대 초반, 일본에서 피망과 파프리카 소비가 점차 늘어나자, 네덜란드에서는 일본에도 파프리카 재배를 보급하기 위해서 활발히 움직였다고 한다. 하지만 그때 윤병도 씨와 같은 한국 농가들이 나서서 먼저 네덜란드 종자를 수입해 파프리카 재배를 시작했고, 이 같은 도전은 2011년도 통계로 연간 수출액 6,500만 달러가 넘어 '알록달록한 반도체'라는 별명을 얻을 만큼, 전체 농산물 수출액 중 1위를 차지하는 경이로운 결과로까지 이어지게 된다.

토마토 재배와는 다른 점이 많기는 하나, 윤정수 대표가 농장에 합류하면서 농장은 시설확충과 환경제어 시스템를 확보하면서 점점 체계를 갖추게 되었다고 한다. 원래 파프리카는 1994년에 항공기 기내식 재배용으로 제주도에서 처음 재배했었고, 그 뒤 전북 김제 등지에서 네덜란드의 유리온실을 그대로 들여와 네덜란드의 전문가로부터 직접 기술을 전수받았다. 그 당시 일본에는 유리온실이 거의 없었기 때문에, 파프리카 재배에 있어서는 우리나라가 한발 앞선 것이었다. 하지만 유리온실의 경우, 시설비용 부담이 너무 크다는 단점이 있다. 윤 대표의 우포파프리카농장도 유리온실이다. 기존에 부친께서 토마토 재배를 하며 기반을 다지고 있었고, 후계농으로 선정되며 시설 투자비용을 정부로부터 얻을 수 있었던 것이 다행이었다. 아무래도 열대성 작물이다 보니, 물 관리와 온도 관리, 이산화탄소 관리 및 습도 관리 등이 주로 신경 쓰는 부분이다. 특히 습도는 항상 80퍼센트 정도로 유지해주어야 하기 때문에 시설기반이 없이는 관리하기가 쉽지 않다고 한다. 하지만 아무리 시설이 잘 되어 있다고 해도 태양광이 없이는 파프리카 재배는 불가능하다.

"나머지는 자연에 맡기는 거죠. 특히 태양광은 사람의 힘으로는 어찌할 수 없습니다. 태양광이 얼마나 받쳐주느냐에 따라 파프리카의 상태나 생산량이 좌우되거든요."

'자연에 맡긴다.' 한창 혈기왕성한 서른세 살 젊은 사람의 입에서는 좀처럼 듣기 힘든 말이지만, 윤 대표 역시 한 사람의 농부이기에 자연에 맡긴다는 평범한 이치를 이미 몸에 익힌 듯했다.

파프리카는 주로 7월 중순에서 늦어도 8월 초에는 파종을 끝낸다. 그러면 12월 말이면 첫 출하가 시작되는데, 이때부터 7월까지 내내 수확을 하게 된다. 윤 대표가 재배하는 파프리카의 종자는 빨간 빛깔을 내는 '쿠프라'와 노란색을 내는 '콜레티'의 두 가지 종류이다. 흔히들 파프리카는 하나를 심어서 시기가 지나면 초록색, 그 다음 노란색, 주황색, 빨간색으로 색이 변한다고들 아는 경우가 많은데, 사실은 전혀 그렇지 않다. 파프리카는 종자별로 모두 12가지의 색깔이 있다고 한다. 그중에서 가장 대표적인 것이 빨강, 주황, 노랑, 초록의 4가지이다. 빨간 파프리카는 칼슘과 인이 풍부해서 특히 성장기 어린이나 노년층

파프리카 모종. 씨앗에서 모종까지의 과정이 경이롭기까지 하다.

골다공증 예방에 좋다고 한다. 붉은 색소인 리코펜이라는 성분이 노화를 진행시키는 활성산소의 생성을 막아주기 때문이란다. 빨간색 파프리카는 항암식품으로도 손색이 없는데, 이는 암을 예방하는 베타카로틴이라는 성분이 많이 들어있기 때문이다. 주황색 파프리카는 비타민이 많고 철분과 베타카로틴이 풍부해서 특히 미백효과에 탁월하다고 알려져 있다. 기미와 주근깨, 검은 반점 등의 원인인 멜라닌 색소의 생성을 억제하는 효과가 있다고 한다. 때문에 아토피 피부염에도 좋아서 주황색 파프리카를 이용한 비누나 팩을 만들기도 한다. 노란색 파프리카는 스트레스 해소에 도움이 된다고 하는데, 특히 '피라진'이라는 성분이 내는 파프리카 특유의 냄새가 혈액의 응고를 방지함으로써 고혈압, 심근경색, 뇌경색을 예방하는 효과를 낸다고 한다. 초록색 파프리카는 다이어트 식품으로 유명하다. 파프리카는 100g당 18kcal 밖에 되지 않는 데다가 섬유질이 많이 함유되어 있어서 소화를 촉진시키고 토마토와 비슷한 당도의 단맛을 내기 때문에 최근 들어서 파프리카를 이용한 다이어트도 인기를 끌고 있다고.

 윤 대표가 재배하는 파프리카는 거의 대부분 일본으로 수출하기 때문에 이런 다양한 성분이나 쓰임새보다는 '크기'에 더 중점적으로 신경을 써야 한다. 이를테면 쿠프라는 중소형, 콜레티는 대형인데, 일본 시장에서 선호하는 파프리카의 크기는 대략 M(150~200g) 사이즈이다. 쿠프라의 중량이 대체로 150~180g으로 거기에 알맞다. 일본에서는 주로 요리용으로 파프리카를 많이 사용하기 때문에 너무 큰 사이즈는 오히려 값이 떨어지는 요인이 된다고 한다.

윤 대표는 딱 한 번 파종에 실패했던 경험이 있다. 실패 요인은 바로 비료에 있었다. 비료에 들어가야 하는 성분 중 하나를 빠뜨린 것이 문제였다. 분석표를 뒤지며 원인을 찾았다고 한다. 그 외에는 별다른 실패 없이 여지껏 순탄하게 재배를 이어오고 있다. 어떤 비결이 있었던 것은 아니었다. '다른 사람이 잘된다고 하더라'는 유행을 쫓기보다 자신과 농장의 상황에 가장 적합한 재배기술과 방법을 고집한 덕분이다. 이를테면 파프리카를 재배할 때도 병충해 문제가 생겨난다. 윤 대표도 천적을 이용한 친환경 농법을 시도해본 적이 있었다. 하지만 천적을 이용한 친환경 농법으로는 병충해를 막기 힘들었다. 이를테면 담배가루, 총채벌레, 진딧물 등의 병충해 피해를 입었다. 병충해 피해는 결국 상품 가치를 떨어뜨려 곧바로 손실로 이어진다. 때문에 윤 대표는 저농약방제를 하고 있다. 무농약이나 유기농은 어려워도 '농산물우수관리(GAP) 인증'을 신청해놓았다. GAP 인증을 받기 위해서는 예냉실과 선별라인 등 시설규격을 지켜야 한다.

앞서도 말했지만, 파프리카 재배에서 온도와 습도 관리는 매우 중요하다. 상대습도를 85퍼센트, 절대습도를 3.0으로 맞춰준다. 오전에는 자동화시스템으로 환기를 하며 적절한 상태를 유지해준다. 유리온실 내 적정기온은 섭씨 21도이다. 착과 시기에는 1도 정도 올린다. 혹서기에는 차광스크린과 외부에 있는 스프링쿨러를 사용해 관리한다. 적정 습도를 유지하기 위해서는 6월까지 보일러를 가동해야 한다. 그러

재배는 물론 생산 출하 과정도 꼼꼼하게 관리된다.
우포 파프리카농장 파프리카 분류 출하 과정.

다 보니 난방 비용만 연간 1억 원 이상 들어간다. 경유를 BC유로 바꾸고 약 30퍼센트의 비용을 절감했고, 다시 전기보일러를 설치해 장기적으로 비용절감을 도모할 계획이다. 이렇게 보면 파프리카의 재배는 역시 적절한 시설원예 기반을 얼마나 갖추는가가 관건이다.

"사실, 노지재배가 불가능한 것은 아닙니다. 하지만 현실여건에서 농업으로 수익을 창출하기 위해서는 시설원예가 답인데, 그 비용을 개인이 부담하기에는 무리입니다. 누구나 와서 농사지으며 살면 좋겠지만, 현실은 다른 거죠. 저는 농사짓는 게 천성이고 마침 선대부터 농사를 지어왔으니까 괜찮지만, 보통 사람들도 쉽게 내려와서 쉽게 농사지으며 살 수 있게 되었으면 좋겠습니다."

농수산대학을 졸업하고 농사를 지으며 가정을 꾸리고 살아가는 이 젊은 농부는 자신의 형편보다, 농업을 꺼려하거나 쉽게 농업에 뛰어들지 못하는 현재의 여건을 걱정했다.

자연과 더불어 사는 삶이 가장 즐겁다

윤 대표의 농장이 자리한 창녕군 대지면 용소리에서 멀지 않은 곳에 '생태보호습지'인 '우포늪'이 있다. 1998년 람사르 협약에 의해 보존 습지로 지정된 바 있는 우포늪은 약 70만 평 규모의 국내 최대 습지이다. 부들, 창포, 갈대, 줄, 올방개, 붕어마름, 벗풀, 가시연꽃과 같은 각종 희귀식물과 조류, 어류, 포유류, 곤충류들이 무려 1,500종이나 서식하고 있다.

자연을 보존하는 것과 개발을 위한 필요성은 늘 상충하는 것처럼 보이지만, 사실은 신중하고 조심스럽게 병행해야 할 과제일 것이다. 수출 작물을 잘 재배하고 더 많은 수익을 올리는 것과 농부로서의 여유와 자세를 가지는 것도 어쩌면 서로 충돌하는 것처럼 보인다. 하지만 윤정수 대표의 살아가는 모습 속에는 그 두 가지가 모두 넉넉하게 들어 있는 느낌이었다. 이제 태어난 지 백일 정도 된 아기가 있다며 살짝 웃던 윤 대표가 "농사짓고 살면 좋죠. 정말 좋아요"하며 껄껄 크게 웃었다.

단순히 농사를 짓고 싶다고 해서 당장 뛰어들기 어려운 것이 사실 농업의 한 단면일 것이다. 몸을 움직이며 땀 흘려서 수고하고, 늘 농작물을 보살펴야 하는 일, 일년 내내 고생하며 노력했는데 그만 이런저런 병충해나 자연재해로 아픔을 겪는 일. 애써서 키운 농작물이 그만 공급 과잉으로 인해서 가격이 폭락하는 일. 이런 것들이 어찌 예사롭게 넘길만한 쉬운 일이던가. 하지만 뜻이 있는 곳에 길이 있고 인생에서 찾아오는 여러 가지 시고, 맵고, 쓰고 단 그런 기회들을 넉넉하게 받아 안을 수만 있다면, 세상에서 가장 맛있는 인생은 역시나 농부로 살아가는 것, 그것인지도 모른다.

윤정수 대표는 2003년 후계농으로 선정되었고 한국농수산대 채소학과를 졸업하였다. 졸업 후 줄곧 경상남도 창녕군 대지면 용소리에서 우포파프리카농장을 운영하며, 우포파프리카영농조합으로도 활동하고 있다. 2011년, 경상남도가 수여하는 '제17회 자랑스러운 농어업인상'을 수상하였다.

영암 황토축산 이행도 대표

한 젊은 농부가 꿈꾸는 한우 명가의 꿈

꿈을 날짜와 함께 적어놓으면 그것은 목표가 되고
목표를 잘게 나누면 그것은 계획이 되며
그 계획을 실행에 옮기면 그것은 현실이 된다.
그레그 S. 레잇.

한우 2,002마리 목장의 꿈

체대를 지망하던 소년은 원래 농부의 아들이었다. 어릴 때부터 벼농사와 소를 키우는 집에서 자랐기 때문에 자신도 모르게 농부의 삶이 자연스레 몸에 배어 있었다. 서울대 농대를 나와 수원에서 교사로 재직 중이던 작은 아버지가 농수산대 진학을 권했을 때, 소년은 별 망설임 없이 농부의 길을 선택했다. 경쟁률이 높았지만 당당히 농수산대 축산학과에 합격했고 소년은 그렇게 청년이 되어 우리나라 최고의 한우농가를 만들어보겠다는 꿈을 키웠다.

축산학과 생활은 잘 맞았고 또 즐거웠다. 1년간 축산이론을 공부했고 2학년 때부터는 여러 축산농가를 다니며 실습을 했다. 가는 곳마다

100두 규모의 황토축산의 축사 모습.

몸으로 부대끼며 잘할 수 있다는 자신감을 얻었고, 또 평생을 함께 갈 만한 좋은 선배들과 동료들도 만났다.

온 나라가 월드컵 열기에 휩싸였을 때, 청년은 졸업반이 되었다. 청년은 월드컵의 열정처럼 2,002마리의 한우를 키우는 목장을 만들자고 결심했다. 이제 졸업만 하면 아버지를 도와 본격적으로 한우 키우는 일에 뛰어들 셈이었다. 가축인공수정사 자격증을 딴 그는 특히 번식우에 대한 남다른 실력과 비전을 가지고 있었다. 바로 한우에서 말하는 고급육의 혈통보전을 뜻하는 것이다. 그러나 마른하늘에 날벼락이라더니, 졸업한 바로 그해, 아버지의 농장에서 브루셀라병이 발병하고 말았다.

 속절없이 축사가 비고 소들이 실려 나가는 것을 그저 바라볼 수밖에 없었다. 꿈을 펼치기에는 너무나 가혹한 출발점이었다. 청년은 주어진 바로 그 지점에서 묵묵히 브루셀라병을 이겨내는 것부터 배워나갔다. 축사는 다시 소들로 가득 찼다. 순탄하지 않았던 시작이었지만, 꿈은 더욱 탄탄해졌다.

 만 스물아홉의 나이에, 2011년도 농어촌청소년대상 농업부문 대상인 대통령 표창을 받은 황토농장 이행도 대표의 이야기다. 이 대표는 현재 지역 브랜드인 '영암매력한우'에 소를 공급하며 약 300두 규모의 축사를 경영하고 연간 총수익 7억 원을 올리는 실력 있는 후계농이다. 하지만 그의 이야기는 앞서 보았듯 졸업하자마자 닥친 '브루셀라병'의 시련으로부터 시작한다.

브루셀라 박사라는 별명

 브루셀라병은 소뿐만 아니라 돼지, 염소, 개 등에서도 발생하는 '세균성 전염병'이다. 국내에서는 2000년 8월 전염병 예방법에 의해 3군 전염병으로 지정, 관리하고 있으며, 소 브루셀라병은 제2종 가축전염병으로 관리하고 있다. 암소에서는 불임증과 임신 후반 유산을 일으키고, 수소에서는 고환염을 유발시키는 등 많은 문제를 일으킨다. 그런데 더 심각한 것은 사람에게도 전염될 수 있는 인수공통질병이라는 점

깨끗하고 좋은 환경에서 성장하는 황토축산의 한우. 경비절감도 중요하지만 무엇보다 영양성분이 중요하다고 이 대표는 강조한다.

때문이다. 특히 사람에게 감염되었을 경우 2~4주의 잠복기를 거쳐서 독감과 유사한 증상(땀·열·두통·통증 등)을 일으키고, 관절통 등도 생기며, 2퍼센트 이내에서는 심막염(endocarditis)에 의해 사망할 수도 있다. 미국에서는 브루셀라병에 매년 100~200명 정도 걸린다고 한다. 현재는 소를 출하할 때부터 브루셀라병을 검사해 이상이 없을 시에만 출하하도록 검사증을 발부한다.

이행도 대표의 집은 1997년부터 약 50두 정도 규모로 키워온 농장이었다. 브루셀라병이 발병했을 때는 100두 정도의 규모였는데, 모두 살처분해야 했다. 아버지는 차마 바깥에 나와 보지도 못하고 몸져누우셨다. 이 대표는 다른 사람들의 농장까지 다니면서 살처분 작업을 도왔다. 당시 이야기를 전하는 이 대표의 표정이 순간 어둡게 굳어졌다. 그 표정만 보더라도 얼마나 힘들었었는지 그 느낌이 생생하게 전해져왔다.

"비어 있는 축사를 보니까 눈물이 막 나더라고요."

시련은 그것으로 끝이 아니라, 시작이었다. 영암에서 다시 구제역이 발생했고, 또 얼마 뒤에는 전국에 조류인플루엔자(A.I.)가 유행했다. 그는 그 당시 폐사한 오리를 수거하는 봉사활동에 참여하기도 했다. 키우던 소가, 돼지가, 오리가 무서운 전염병으로 손도 써보지 못하고 죽어나가던 끔찍한 현실이 그가 축산학과를 졸업하고 처음 겪는 경험이 될 줄을 그 누가 알았을까.

"그냥 앉아서 당해야 하나 싶었습니다. 그래서 그때부터 브루셀라에 대한 것이라면 닥치는 대로 공부했습니다. 누구라도 붙잡고 물어보고,

또 자료를 찾고요. 그거 말고는 할 수 있는 게 없었습니다. 뭐라도 해야 했습니다. 비어 있는 축사지만 매일 축사에 나갔고요."

브루셀라 박사. 그렇게 4년간 브루셀라로 무너진 농장을 다시 일으키면서 얻은 이 대표의 별명이다. 완전히 무너지는 줄 알았던 농장을 다시 100두 규모의 처음 상태로 돌려놓는 데 그렇게 꼬박 4년이 걸렸다.

"어떤 선배님이 그러시더라고요. 진짜로 박사학위 딴 셈 치자고. 어디서 누가 이런 걸 가르쳐주겠느냐고요. 브루셀라를 겪으면서 저는 정말 어디서도 배울 수 없는 지식과 경험을 배웠다고 생각합니다."

브루셀라를 겪으면서 쌓은 지식과 경험은 다시 자신감이 되어 돌아왔다. 농장이 정상궤도에 올라온 지 3년 만에, 번식우와 비육우를 모두 합쳐서 300두 규모로 성장시킨 것이다.

"소도 사람처럼 10개월 만에 태어납니다. 태어난 다음에도 아기를 돌보는 것처럼 부지런히 돌보지 않으면 안 되지요. 브루셀라를 겪고 나서 어쩌면 더 겸손해지고 더 철저해진 것 같습니다. 다시 처음부터 시작하는 마음으로 3년 동안 달려왔습니다."

함께 나누는 나눔의 의미

이 대표는 농업인단체인 4-H에서 2004년부터 활발하게 활동 중이다. 4-H는 유소년(초등), 청소년(중고등), 청년(영농대학), 성인으로 나누어 활동조직을 가지고 있고, 또 그 밑에 중앙본부-시도본부-지역본부로 이어지는 육성조직을 갖추고 있다.

　4-H는 지(智), 덕(德), 노(勞), 체(體)의 4가지 중심 이념(영어로는 Head, Heart, Hands, health)을 바탕으로 한 민간운동 단체로, 우리나라에서는 해방 직후, 당시 구자옥 경기도 지사가 경기도 군정관 앤더슨 중령 등과 함께 미국의 4-H운동을 도입하여 '농촌청소년 구락부'를 결성한 것으로부터 시작됐다. 현재는 회원 수 약 7만 명에, 주로 청소년회원들의 정보, 인성, 리더십 교육, 도농교류활동이나 성인회원의 농업인 전문교육, 지역사회활동, 봉사활동에 힘쓰고 있다.

　그는 영암지역 4-H 회장과 전남 4-H연합회 회장을 역임하며 특히 구제역 방역활동, 축산농가 소독 봉사활동, 영세한 취약 농가를 위한 콜서비스 사업, 독거노인 집수리 봉사활동 등에 적극적으로 활동해왔다. 현재는 4-H 한국본부 중앙회 부회장을 맡고 있다. 주로 20~30대로 이뤄진 지역 4-H 활동 때부터 열심히 활동한 이행도 대표에게 4-H란 어떤 의미일까.

　"우선 가깝게는 또래 친구들이기도 하고요. 또 중고등학생하고도 연계해서 봉사활동하는 곳입니다. 기계를 가지고 있으니까, 특히 혼자서 농사짓는 어르신들 찾아가서 기계로 도와드리기도 하고요. 농사를 안 짓더라도 농업에 관심 있는 사람들과 만나기도 합니다."

　이 대표를 처음 만났을 때 받은 인상은 사실 그리 외향적인 분위기는 아니었다. 그럼에도 그가 여러 사람들과 잘 어울려서 봉사활동에 나서는 이유를 물어보았다.

"아버지 때문이 아닐까요? 어릴 때부터 옆에서 농사짓는 모습을 봤었고, 직접 도와드리지는 못해도 심부름이라도 하면서 익숙하게 지냈으니까요. 또 저에게 축산학과를 권한 건 서울에 계신 작은 아버지시거든요. 당신이 직접 서울대 농대를 나와서 농고 교사를 하시기도 했고, 제 주변에 농사 짓는 분들이나 관련 있는 분들이 많다 보니 다른 분들 현장에 가서 돕고 하는 게 낯설지 않더라고요. 4-H도 그렇고, 농업경영인회도 그렇고요."

대통령 표창을 받을 만큼 인정받은 이행도 대표의 이런 적극적인 봉사활동은 어쩌면 브루셀라병을 이겨내면서 비롯된 것인지도 모르겠다. 어딘가 우직하게 소를 닮은 그의 성품과 농수산대 재학 시절부터 만난 수많은 선후배, 동료들도 그에게 큰 힘이 되었을 것이다. 그런 것들이 모두 합쳐져서 지금 그에게서는 긍정적인 힘과 에너지가 뿜어져 나오는 것 같다.

올해로 만 서른 살의 젊은 나이지만, 이 대표는 한국농수산대학 현장실습 현장교수로 위촉되어 활동하고도 있다. 그와 이야기하다 보면, 이렇듯 그의 농업에는 온통 젊음이 가득하다는 느낌이다. 이 대표와 같은 사람들이 많아지면 자연스럽게 우리의 농업도 훨씬 더 젊어지지 않을까 싶었다.

다시 꿈꾸는 행복한 농부

축사에는 이 대표 말고도 2명의 일꾼들이 있었다. 2명 다 아주 젊어 보여서 혹시 관계가 어떻게 되는지를 물었더니 한 사람은 친동생이고, 또 한 사람은 손윗처남이란다. 아버지의 뒤를 이은 농업을 이제 동생과 누나 식구들과 함께 하고 있는 것이다. 친동생은 현재 농수산대학 축산학과에 재학 중이고, 손위처남은 귀농한 지 1년 남짓 되어 같이 일하는 중이라고 했다. 어딘가 닮은 세 사람에게 함께 포즈를 청했다. 세 사람이 그렇게 함께 땀 흘리는 모습을 보니 괜히 흐뭇해진다. 이행도 씨에게 현재 한우농업에 대해 물었다.

"한우는 낙농이나 양돈에 비해서 손이 적게 들어가지만, 쉽게 들어올 수 있는 분야는 아닙니다. 비육우나 번식우는 각각 특성이 있는데 어쨌든 계량이나 등급이 중요하죠. 하지만 출하하고 싶을 때 마음대로 출하할 수 없으니까요. 음성 공판장도 예약제로 바뀌면서 점점 어려워지는 추세에요. 또 한우농가가 전반적으로 또 한 차례 어려움을 겪을 거라고 예상하고 있습니다."

이 대표는 직접 만드는 조사료로 사료값 부담을 줄이고 있다며 사료의 영양성분을 잘 맞출 수 있도록 하는 것이 중요하다고 강조했다. 축산업에 있어서 사료가 차지하는 비중은 일반인이 생각하는 그 이상이다. 이 대표는 사료비 절감과 양질의 조사료 공급을 위해 300ha의 땅에 직접 청보리, 옥수수, 볏짚, 야초 등을 재배하고 150ha에는 총채보리, 이탈리안라이그라스 혼파 재배를 통해서 조사료 생산단지를 마련했다.

소에게 사료를 주고 있는 이행도 대표.

"결국 몸이 움직이는 만큼 수익이 나오는 건데, 무엇보다 소에 대한 투자효율 같은 정보소통이 잘 이루어졌으면 좋겠습니다. 주변에 같이 한우를 키우는 친구들만 봐도 대부분 집에 혼자 있는 셈이거든요. 우리끼리 자주 연락한다고 해도 정보가 빨리 빨리 전해지지 않으니까 답답하죠."

축사를 돌며 사료를 주고 소들을 챙기는 모습이 어딘가 의젓해 보였다. 이행도 대표는 소들을 바라보면서 앞으로의 포부를 밝혔다.

"소들을 마음껏 풀어놓고 정말 자연 한 가운데에서 키우고 싶습니다. 서산목장같이 그런 대농장이 아니더라도 소들이 가장 잘 지낼 수 있는 공간을 만들어주고 싶어요. 그러면 제 자신도 더 깨끗하고 좋은 환경에서 작업할 수 있게 되는 거고, 무엇보다 다른 사람들에게 안심하고 그 모습을 마음껏 보여줄 수 있는 거거든요. 누구나 와서 볼 수 있는 그런 농장을 만드는 것, 한우하면 이행도라는 이름을 떠올리는 것, 그게 바로 제 꿈입니다."

꿈을 꾼다는 것은 이미 그 자체로 행복한 일이다. 그러나 꿈은, 꿈을 꾸는 모든 사람들에게 전부 그 꿈을 실현시켜주지는 않는다. 꿈을 이루는 사람은 오직 꿈을 향해 노력하는 사람만이 누리는 축복이기 때문이다.

"남들은 냄새나는 축사에서 고생한다고 하지만, 저한테 이 곳은 제 분야에서 제가 인정받을 수 있는 현장입니다. 매일매일 소들하고 함께 일할 수 있다는 것이 저한테는 행복입니다."

젊은 농부는 꿈을 꾸고 있었다. 그리고 꿈을 꾸는 이 젊은 농부는 이미 꿈을 향해 한걸음씩 다가가고 있었고, 또한 진정으로 행복해 보였다.

이행도 대표는 영암매력한우 영농조합법인의 이양수 전 대표의 아들로 2004년 후계농에 선정되었고, 한국농수산대를 졸업하고 전라남도 영암군 영암읍 춘양리에서 황토목장을 운영하고 있다. 영암지역과 전남4-H 회장을 역임하고 현재 한국4-H 중앙연합회 부회장을 맡고 있으며 2011년 제 31회 농어촌청소년 대상 농업부문 대상(대통령상)을 수상하였다.

춘천 두메산골 한방더덕 김경호 대표
더덕을 닮아서 흔들리지 않는 농부

'더덕을 나물로 만들어 먹었다.'
해동역사(海東繹史)/ 실학자 한치윤이 쓴 고조선부터 고려시대까지를 서술한 역사서)
'더덕을 껍질을 벗겨서 곱게 두드려 속을 빼고 쓴맛이 없게 우려내서 끓는 물에 잘 삶아낸 후, 소금, 기름, 간장, 후추를 한데 섞어 양념하여 하룻밤 잰 후에 햇빛에 말려두고 구워 쓴다.'
주방문(酒方文/ 1600년대 씌여진 음식조리에 관한 책)
'관(官)에서 매일 내놓는 나물에 더덕이 있는데, 그 모양이 크며 살이 부드럽고 맛이 있다. 이 것은 약으로 쓰는 것이 아닌 것 같다.'
고려도경(高麗圖經/ 송나라 사신이 고려에 와서 기록한 기행문)

더덕 이야기

　더덕은 역사가 깊은 식재료이자 약재(藥材)다. 더덕의 어린잎을 삶아서 나물로 먹기도 하고, 뿌리는 고추장 장아찌, 생채, 자반, 구이, 정과, 술을 담기도 한다. 특히 햇더덕은 얇게 저며서 자근자근 두들겨 찬물에 담갔다가 우려낸 다음, 물기를 짜서 참기름에 무치고 양념장을 골고루 발라 석쇠에 묻히면 맛이 그만인 더덕구이가 된다.

　1123년, 송나라의 사신으로 고려에 왔던 고려도경(高麗圖經)의 저자 서긍이라는 사람은 매일 밥상에 나오는 더덕 나물을 맛보고서, 더덕을 약으로만 쓰는 송나라와 달리, 고려에서는 식재료로도 더덕을 쓰고 있다면서 부드럽고 맛있다고 놀라움을 표현하기도 했다.

김경호 대표의 두메산골 한방더덕의 농장 전경. 보기에는 보잘것없는 더덕밭에 불과해 보이지만 우리나라 더덕 생산량의 5%를 차지할 만큼 최고 수준의 생산량과 품질을 자랑한다.

더덕은 예부터 자양 강장식품으로 유명했으며, 기관지염, 편도선염에 좋고 더덕의 사포닌 성분은 가래를 없애는 거담작용으로 특히 유용하다. 요즘에는 폐암과 갑상선암에 효과가 있는 항암식품으로도 널리 알려졌다.

우리나라 더덕의 5퍼센트를 생산·판매하며, 특히 더덕 종자의 15퍼센트를 생산하고 있는 '두메산골 한방더덕'의 김경호 대표는 더덕 하나만으로 억대의 연간소득을 이룬 더덕 전문 생산인이다. 춘천시 사북면에 위치한 그의 집 안에 들어서자, 술병에 담가 놓은 더덕주(酒)가 집 안 가득 쌓여 있었다.

"때를 기다리고 있는 거지요."

김 대표가 알 듯 모를 듯한 미소를 머금으며 말했다. '때를 기다린다.' 상황이 여의치 않을 때, 준비가 부족할 때 우리는 '때를 기다린다'고 말한다. 거꾸로 준비는 다 끝났지만 준비한 것을 아직 펼칠 수 없을 때에도 우리는 '때를 기다린다'고 말한다. 더덕주는 이미 완성되어 있으니 준비는 다 끝났단 뜻일 터였다. 의미심장한 이 한 마디 말속에 김 대표가 그동안 더덕을 키우며 걸어온 세월이 고스란히 담겨 있었다.

혼자 힘으로 시작한 농사꾼의 삶

김경호 대표는 군 제대 후, 곧장 농업에 투신하였다. 전라도 전주의 농가 출신인 그는, 어머님께 당시 쌀 한 가마니 값인 5만 5,000원을 빌려서 나왔다. 전주에서 편하게 농사를 지을 수도 있었지만, 세상에 공짜는 없다고 믿는 김 대표는 스스로의 힘으로 시작하고 싶었다.

김 대표가 아직 군에 있을 때, 여단장이 제대를 앞둔 사병들을 만났다. 여단장은 일일이 사병들에게 '제대하면 사회에 나가 무슨 일을 할 것인지' 물었다. 김 대표가 "농사를 지을 작정입니다"라고 대답하자, 지나쳐 가던 여단장이 다시 돌아와 김대표에게 한번 더 악수를 청했다. 김 대표에게 농사란 단순한 직업이 아니라, 확고한 신념과 같은 것이었다. 그는 그런 농사를 누군가의 힘을 빌려서 편하게 시작하고 싶지 않았다. 어머니께 빌린 돈 5만 5,000원도 한 달 만에 갚아드렸다.

김 대표는 90년에 강원도로 와서 1년간의 탐색 기간을 가졌다. 그냥 나눠줘도 무심코 지나치는 「농어민 신문」을 김 대표는 돈을 주고 구독했다. 틈날 때마다 정보를 찾고 각종 관련 자료를 달력에다 빼곡하게 적어 넣었다. 중요하다 싶은 것은 직접 찾아가서 눈으로 확인했다. 그렇게 탐색 기간을 가지면서 소양호 주변에 천 평 정도 밭을 갈고 염소 두어 마리를 풀어놓았다. 느타리버섯이 괜찮다 싶어서 시작했다. 하지만 수익은 좋더라도 매일 왔다갔다해야 하는 물류 상황이 문제였다. 그 당시 소양호 주변의 교통 여건이 좋지 않았기 때문이었다. 느타리버섯을 하면서 김 대표는 작물 전환을 모색했다. 한 번에 많이 출하할 수 있는 다년생 식물이면서 소자본으로 시작할 수 있는 더덕이 그의 눈에 들어왔다. 더덕의 생육 기간은 3년이다. 김 대표는 3년간 열심히 더덕을 키우고 연구했다. 드디어 첫 출하를 했다. 그런데 하필이면 그해에 더덕 가격이 폭락했다. 3년간 쏟아 부은 정성과 노력이 허사로 돌아갈 판이었다. 안 그래도 가격이 폭락한 상황에서 포전 상인이나 유통업자들은 별 관심을 보이지 않았다. 김 대표도 헐값에 더덕을 대강 출하하고 싶지는 않았다. 다른 방법을 고민하던 김 대표는 우선 가족과 지인들에게 더덕을 소개하고 조금씩 분담해서 구매해줄 것을 부탁했다. 더덕의 품질에는 자신이 있었기 때문에 부탁하는 처지였어도 자신감은 있었다. 그렇게 어렵사리 첫해 출하 분량을 처리할 수 있었다. 이익을 보지는 못했지만 그냥 처분하는 것보다는 낫다고 생각했다. 김 대표의 더덕을 먹어본 가족들과 지인들의 반응은 대단히 좋았다. 아니나 다를까, 그 이듬해에는 더덕을 사갔던 가족과 지인들에게서 먼저 더덕을 찾는 연락이 왔다. 매출액은 전년 대비 100퍼센트 늘었고, 직접 먹어본 사람들을 중심으로 입소문이 퍼지기 시작했다.

  김경호 대표는 '그날 캔 더덕은 그날 보낸다'는 원칙을 세웠다. 마침 택배가 활성화하면서 김 대표의 집에는 하루도 택배가 끊일 날이 없이 성황을 맞이했다. 연소득이 가파르게 늘어났다. 만약 첫 출하한 해에 더덕 가격이 폭락하지 않았다면 어떻게 되었을까? 적당한 판로를 찾고, 그저 밭을 찾아오는 포전 상인들에게 더덕을 팔았다면, 직거래 70퍼센트, 유통업체 납품 30퍼센트라는 '두메산골 한방더덕'의 수익구조는 존재하지 못했을 것이다. 위기가 오히려 새로운 판로를 찾아준 셈이었다.

땅속에 묻혀 있는 더덕의 상태를 꿰뚫어라

더덕 판매가 늘어나면서 유통업자들이나 포전 상인들이 줄지어 찾아왔다. 동업을 하자는 사람들도 많았다. 더덕은 땅속에서 자란다. 눈으로 보면 그저 풀만 보일 뿐이다. 그래서 포전상인들은 더덕 밭에 구멍을 뚫어서 더덕의 상태를 살핀다. 구멍이 많이 뚫렸는데, 아직 판매가 잘 이뤄지지 않은 밭은 당연히 상태가 좋지 않음을 나타내는 표시가 나는 것이다. 그래서 더덕 농가들은 한 번이라도 덜 구멍을 뚫게 하려고 하고, 되도록 한두 번 안에 거래를 성사시키는 것이 중요하다.

문제는 더덕 밭의 주인이라고 해도 더덕의 상태를 잘 알 수 없다는 것이다. 결국 더덕 종자에 대한 안목, 더덕을 키우는 요령과 기술이 중요할 수밖에 없다. 김 대표는 초기부터 더덕 종근(종자)에 대한 공부에 매달렸다. 좋은 종자를 내는 것이야말로 더덕 농사의 성공을 가를 열쇠였다. 더덕은 종근으로 재배하는 방법과 씨앗을 뿌려서 재배하는 방법이 있는데, 종근으로 재배하면 1~2년이면 수확할 수 있지만, 씨앗으로 심어서 재배하는 편이 비용절감이나 모양이 더 잘 나오는 장점이 있다. 하지만 더덕은 특히 씨앗을 받기가 어렵다. 어지간한 더덕 농부도 씨앗을 받는 것은 성공하기 어렵다. 일선 농촌지도소 등에서도 초심자들은 씨앗재배가 아닌 종근재배를 권하는 이유다. 현재 김경호 대표가 국내 종근 생산의 15퍼센트 정도를 생산해낸다는 것은 그만큼 더덕에 대한 안목과 기술이 있다는 반증인 것이다.

그 정도면 상인들과 동업을 요청하는 사람들이 몰려들 만도 했다. 하

김 대표의 더덕주. 특품임에도 팔리지 않을 경우에는 술을 담가 가치를 보존한다.

지만 김 대표는 편하고 쉽게 가는 길을 거절했다. '세상에 공짜는 없다'는 평소의 소신 때문이었다. 그런데 강원도 춘천에서 유통일을 하던 분의 동업 요청은 차마 끝까지 거절할 수 없었다. 몇 번이나 사양했지만, 결국 몇 년간 동업을 하게 되었다. 자금과 유통 부분을 이쪽에서 할테니, 김 대표는 생산과 재배를 맡아달라는 제안이었다. 동업을 하면서 김경호 대표는 20만 평까지 더덕 재배지를 늘릴 수 있었다. 그 정도까지 규모가 커지면 안주할 법도 했지만, 김 대표는 매출의 70퍼센트를 해마다 재투자했다. 그는 좀처럼 성공에 취하는 법이 없었다.

그런 김 대표에게도 딱 한 번 나태함과 안주하고픈 마음이 찾아든

적이 있었다.

"직거래가 한창 늘어날 때, 어느 순간부터 게을러지더라고요. 그날 캔 더덕을 그날 보내야 하는데, 더덕을 보내달라는 요청에 '가을에 좀 더 키워서 보내겠습니다' 하고 미루는 제 자신을 보게 되었습니다. 바로 매출에 지장이 오더군요."

김 대표는 그때의 경험을 평생의 경계로 삼았다. 동업을 하면서도 김 대표는 흐트러지지 않았다. 오히려 더 크게 동업을 키워볼 만하다 싶을 때 그는 다시 새로운 출발선에 섰다.

잘나가던 동업도 정점에 있는 듯 느껴질 때, 바로 정리했다. 하지만 동업자는 친구가 되어서 여전히 이런저런 일들을 함께 상의하고 좋은 관계로 지내고 있다. 김 대표는 동업 시기를 인생의 여정에서 '귀인(貴人)'을 만났던 때라고 되새긴다. 그리고 받은 만큼 스스로도 베풀자고 결심했다. 20만 평에 달하던 밭도 3만 평으로 줄이고, 지역주민들도 함께 소득 증대를 이룰 수 있도록 항상 밭 500평 정도는 실험 장소로 쓴다. 어떻게 하면 비용절감을 할 수 있을지, 또 어떻게 하면 더덕이 가지가 없이 20cm 정도 기를 수 있을지 같은 것이 그의 실험 내용이다. 여기저기 컨설팅이나 더덕재배에 관한 강의도 나가고 있다. 귀농 아카데미나 연구회 같은 곳에서 자신의 경험담과 노하우를 전수하는 일에도 열심이다.

성공에 안주하지 말고, 위기를 준비하라

김경호 대표는 자신의 직업이 네 개라고 소개한다. 단순한 더덕 생산자가 아니라, 그때그때 상황에 맞춰서 시대적인 흐름을 분석하고 위기를 대비하며 살다 보니 농사만 지으며 살 수 없었다고 설명한다. 그는 더덕 생산뿐만 아니라, 농산물 유통, 각종 농산물 관련 사업 참여에도 적극적으로 활동했다. 이를테면, 지자체의 산림소득작목 사업 등에 참여하는 것이다.

"농민들에게 정부가 적절한 도움과 지원을 주는 것은 중요합니다. 하지만 어느 정도 자립하고 자기 자리를 잡은 농가라면, 정부의 지원에만 매달릴 것이 아니라 오히려 정부의 사업에 참여해서 다른 농가에도 도움을 주는 그런 일을 찾고 싶었습니다."

그 결과, 김경호 대표는 전라남도 진도군 같은 타지역의 사업에도 참여했다. 가만히 앉아서 성공에 안주하지 않고 끊임없이 새로운 길을 모색한 덕분이었다. 그러한 활동의 비결은 앞서 소개한 「농어민신문」이었다.

"하루는 농어민신문에 경매 관련 기사가 있었습니다. 일반인이 경매에 잘 관심을 가지지 않던 시절이었는데, 무엇인가 해볼 만하다는 생각이 들어서 그때부터 경매 관련 공부를 시작했습니다. 혼자서 석 달 동안 경매전문지를 독파했습니다. 공고 학력이지만, 무엇이든 필요한 것을 찾아서 공부하면 그 안에 길이 보이더군요."

김경호 대표는 스스로를 단순히 더덕 생산에만 매달리는 사람이라고 생각하지 않는다. 더덕은 하나의 출발점이자, 일종의 전초기지 같은 것이다. 지금도 김 대표는 국내외 어디든지, 필요한 정보라고 생각하면 직접 달려가서 확인한다. 그러다 보니 여러 분야의 지식이 축적되고, 사회를 보는 안목이 생겼다.

김 대표가 지금 준비하는 제4의 직업은 '귀농자 주택사업'이다. 귀농이 점차 활성화되고 귀농자들이 늘어나면서, 김 대표는 적절한 위치에 귀농자들이 살 만한 귀농주택을 고민했다. 먼저 자신의 집을 귀농자 주택으로 꾸몄다. 직접 부지를 살피고, 건축자재를 고르고, 배치와 실내외 장식을 했다. 먼저 타지역에서 강원도로 귀농한 입장이기도 한 김 대표는 지금 한 발 앞서서 귀농자들의 삶터를 준비하고 있는 것이다.

그렇지만 김 대표의 주관심사는 역시 '더덕'이다. 앞으로 중국산 등 수입 농산물이 더 많이 들어올 때를 대비하고 있다. 더덕의 경우는 그래도 앞으로 몇 년간은 괜찮겠지만, 결국은 공급 과잉의 시대가 올 것이다. 이런 상황은 비단 더덕에 한정되지 않는다. 공급은 늘어나고, 소비자의 취향은 점점 세분화하고 있다. 김 대표는 앞으로 우리 농업이 '다품종 소포장'의 형태로 변화하는 것은 피할 수 없는 대세라고 말한다. 그것은 곧 우리 농업에 한 차례 위기가 다가올 것임을 의미한다. 그렇다고 상황을 비관하고 손을 놓을 수는 없다. 김 대표가 여태껏 다양한 분야에 걸쳐 분주하게 활동하는 까닭이다. 김 대표는 무엇보다, 지금까지 자신이 쌓은 것들을 주변농가의 소득증대에 기여하는 도구로 쓰고 싶어 한다. 그래서인지 다른 사람의 더덕 밭을 봐주고 더덕 재배에 관해 조언하는 일도 숱하게 하고 있다. 중국 연길에도 김 대표가 자문을 해주는 더덕 재배지들이 많다. 앞으로 중국에서도 더덕이 밀려오기 전에, 한발 앞서서 오히려 한국인들이 중국시장을 공략하는 계기로 삼자는 것이다.

마치 더덕을 닮은 인생을 살아 왔다는 김경호 대표.

가족 이야기

더덕 이야기는 이제 가족 이야기로 접어든다. 김 대표는 아들이 한 명 있는데, 그는 자폐를 앓고 있다. 아들을 돌봐야 하는 상황이다 보니, 김 대표는 새벽 3시에 일어나서 농사일을 나선다. 아들이 깨기 전에 이런저런 일들을 처리해야 하기 때문이다. 아내도 그 시간에 일어나 함께 나가 더덕을 고르는 일을 돕는다.

장애인 가정과 농가를 함께 꾸리는 생활이 결코 쉬울 리 없다. 하지만 김 대표의 얼굴은 밝다. 김 대표가 집 안에 보관해둔 수십 병의 더덕주를 바라보며 말했다.

"때를 기다리는 겁니다. 저 더덕들은 대부분 특품입니다. 10만 원, 20만 원에 팔리는 것들인데, 출하될 때 팔리지 않고 남은 것들입니다.

특품이 팔리지 않았다고 해서 헐값에 팔수는 없잖아요. 술을 담가놓고 기다리는 겁니다. 주인이 나타날 때까지 천천히 묵으면서 말입니다. 술은 오래 묵을수록 좋다고 하잖아요?"

 그러고 보니 그의 살아온 이야기가 마치 더덕과 닮은 것 같다. 한 번 심었다고 해서 금방 수확하는 것도 아닌, 자라면 자랄수록 땅속 깊이 뿌리를 내리고 눈으로는 볼 수 없는 더덕. 덥석 먹으면 입에는 쓰지만 약재로도 식재로도 유용하고 맛있는 더덕 말이다.
 세상에 쉬운 일은 없다고 한다. 사람들은 또 저마다 자신만의 삶의 무게를 짊어지고 산다. 힘들고 어려울수록 쉬운 길의 유혹도 커지기 마련이지만, 묵묵히 정도(正道)를 걸어가면 땅속 깊이 뿌리내리듯 삶은 그렇게 넓고 깊어지는 것이다.

김경호 대표는 1999년 후계농으로 선정되었고 1991년부터 강원도 춘천시에 귀농하여 현재 사북면 고탄리에서 두메산골 한방더덕을 운영하고 있다. 현재 국내 더덕 생산의 5%, 더덕 종근(종자) 생산의 15%를 생산하는 더덕 전문생산농가이다. 두메산골 한방더덕은 특품 20%, 상품 30%, 중품 40%, 하품 10%를 생산하며, 그 중 70%는 직거래로, 30%는 도매상과 유통업체에 납품한다.

포천 봉화산농장 임두빈 대표

소와 나무를 벗 삼아 오래도록 기다리는 삶

흰 구름은 일어났다 사라졌다 하지만 (白雲有起滅)
푸른 산은 모습 바꿀 때가 없네　　(青山無改時)
이리저리 변하는 건 좋은 게 아니고 (變遷非所貴)
우뚝한 그 모습이 아름다운 거지　 (特立斯爲奇)

안정복, 「운산음」

　한탄강. 대부분의 강은 산에서 발원해 평야를 끼고 흐르는 반면에, 총 길이가 136km에 달하는 한탄강은 강원도 평강군에서 발원해 좁고 곧게 패인 계곡을 사이로 대한민국의 중서부를 관통하여 흐른다. 강 상류에는 3~40미터로 곧게 깎인 주상절리가 발달해 있어서 뛰어난 절경을 뽐낸다. 특히 강원도 철원군과 경기도 포천시 관인면에 접한 '대교천 현무암 협곡'은 천연기념물로 지정될 만큼 그 경관이 빼어나다.

　지리 수업 시간에도 종종 소개되곤 하는 내용이다. 제주도와 철원평야는 똑같은 용암대지이나, 제주도에서는 논농사를 짓기 힘든 반면에, 철원평야에서는 논농사가 가능하다는 말을 들은 적이 있을 것이다. 그것은 현무암 위로 강이 실어 나르는 퇴적물과 현무암 풍화토의 작용,

그리고 월정리 전망대 주변의 동송 저수지, 산명호 저수지 토교 저수지와 같은 주변 저수지들이 자리한 덕분으로 볼 수 있다. 한탄강 대교천 현무암 협곡 근처에도 비교적 작은 냉정 저수지가 있다. 다른 저수지들에 비해서 작을 뿐이지 면적이 37.6ha에 저수량도 1억 톤이 넘는다. 이 냉정 저수지 주변이 바로 냉정리 마을이 자리잡은 곳이다.

냉정리 마을을 지도에서 살펴보면, 남쪽에서부터 소요산과 산정호수를 지나 그대로 올라가면, 서쪽으로는 금학산과 고대산 같은 산줄기들이 솟아 있고, 동쪽으로는 철원읍과 접하면서 멀게는 가평과 철원에 걸친 화악산 자락에서 백운산, 명성산 같은 큰 산들이 병풍처럼 둘러싸고 이곳에 닿는다. 냉정리 마을에서 계속 북쪽으로 향하면 바로 월정리 전망대와 휴전선이다. 냉정리 마을은 그렇게 동서남북 사방에 산들을 두루 펼쳐놓고, 자그마한 언덕 같은 봉화산과 또 냉정저수지를 앞뒤로 두고 있다. 마치 누군가 일부러 마을을 숨겨놓은 게 아닐까 싶을 만큼 고요하고 또 아늑하다. 영화 '웰컴 투 동막골'에 나왔던 바로 그 '동막골' 마을을 닮았다고 할까?

한국전쟁이 발발하고, 황해도에서 피난길에 오른 가족은 전라남도 여수까지 내려가 텐트에서 피난민 생활을 했다. 전후(戰後)에 가족은 정부로부터 수복지구가 된 경기도 포천시 관인면에 농지 700평을 분양받아 정착했다. 그분들이 바로 관인면 냉정리에서 '봉화산 농장'을 운영

봉화산농장에서 바라본 한탄강.

하고 있는 임두빈 대표의 부모님이었다. 임 대표는 축산과 경작, 조경수 재배의 3가지를 병행해 짓고 있는 후계농이다. 선대로부터 물려받은 벼농사는 수도작(水稻作)으로 경작 면적은 약 50,000㎡가량 되며, 소나무와 주목(朱木)을 주로 하는 조경수 재배는 현재 7,000주를 넘는데, 임 대표가 스물다섯 살 때부터 시작한 것이다. 현재 100두가량 키우는 한우는 스물여섯 살 때 젖소를 들인 것이 계기가 되어 지금의 한우농사로 이어진 것이다. 이렇게 벼농사와 한우, 조경수 재배의 세 가지를 혼자서 해야 하기 때문에 임 대표는 사계절 내내 농사일로 바쁠 수밖에 없다. 이제는 나름의 노하우가 생겨서 일이 겹치지는 않는다.

세 가지 모두 그 규모나 성과가 한 가지만 전문적으로 하는 농가에 못지않다. 그래도 그중 주력 분야를 꼽는다면 역시 '한우'다.

구제역을 막아낸 공동체의 힘

2010년, 호남을 제외한 전국 대부분 지역을 강타했던 구제역 파동은 피해액 약 3조 원 규모에, 무려 350만 마리의 가축을 살처분했던 힘들고 어려운 시간이었다. 하지만 경기도 포천시 관인면 일대는 2010년도 당시는 구제역이 전혀 발생하지 않았고, 2011년에는 한 농가에서만 구제역 피해를 입었다고 한다. '관인면 의용소방대 대장'을 맡고 있는 임두빈 대표는 그때마다 포천시 관인면 '공동방제단장'을 맡아서 활약했다. 임 대표가 의용소방대 활동을 한 지는 올해가 10년째라고 한다. 임 대표는 2011년으로 넘어오는 겨울에는 내내 방역활동을 하던 기억밖에 없다고 했다. 구제역 당시 임두빈 대표는 17명을 4개조로 편성해서 축산 관련 주요 도로변 19개소에 매일 4톤씩, 구제역 살포제 22톤을 살포하고, 민관 합동으로 구성된 대책반이 조별로 야간 비상근무 체제를 24시까지 유지하는 등 구제역 예방에 총력을 쏟았다고 한다.

"그때는 정말 정신없었지요. 한시도 소홀히 할 수가 없거든요. 원래 구제역이 예방하기 어려운 질병은 아닙니다. 기본적으로 농장주가 위생관리를 철저하게 해야 하는 것이고, 전염성이 강하다 보니 방역에 충실하면 잡을 수 있습니다. 다만 눈에 보이는 걸 막는 게 아니라 눈에 보이지 않는 바이러스를 잡아야 하니까 24시간 긴장할 수밖에 없었던 거죠."

임 대표는 마을에는 특별히 초소를 만들어서 운영했는데, 마을 사람들의 협조가 필수적이었다. 평소 서무반장이나 새마을지도자, 또 의용소방대 활동을 열심히 한 덕분인지 마을 사람들이 다 같이 힘을 보태는 데 어려움이 없어서 다행이었다며 웃었다.

구제역 파동이 끝난 날에는 함께 방역활동을 했던 마을사람들끼리 한데 모여서 조촐하게 저녁식사를 했다. 농촌의 멋이라면 좋은 일, 궂은 일 마다하지 않고 이렇게 함께 하는 모습일 것이다.

임 대표는 지금도 해마다 1년에 100시간 이상씩 의용소방대 활동을 하고 있다. 여름철이면 수난(水難)구조 활동, 겨울철이면 화재(火災) 진압활동을 중점적으로 한다. 전문적이고 효율적인 구조 활동을 위해서 훈련도 한다. 덕분에 임 대표는 의용소방대 활동을 하며 여러 번 화재를 진압하고 구조를 수행하며 소방대 경력을 쌓을 수 있었다. 이를테면 2006년 겨울에는 한 주민이 메주를 잘 띄우려고 구둘 장치를 한 하우스 안에 온도를 높이는 화목으로 불을 붙여놓고는 그만 잠시 자리를 비운 적이 있었는데 때마침 그 틈에 불길이 올라서 번지는 사고가 발생했다. 당시 그 근처에 살고 있던 임 대표가 화재를 발견하고는 휘발유 등 위험요소를 제거한 뒤에 가정용 호스를 수도에 연결해서 1차 진압활동을 벌였다. 하마터면 벌어질 수 있었던 창고와 주택의 대형화재를 혼자서 예방한 것이다. 이런 활발한 활동들을 통해서 임 대표는 의용소방대 우수대원으로 인정받았을 뿐 아니라, 관인면 의용소방대 대장까지 역임하게 되었다.

의용소방대는 재난구조 뿐 아니라 '사랑의 쌀' 경작 활동 등을 통해 수익금으로 '무료 집수리', '불우이웃돕기 및 장학사업' 등을 펼치고 있다고 한다. 사랑의 쌀 경작에는 청소년들도 함께 참여하는데, 직접 모내기를 하면서 '농촌 체험의 장'을 경험할 수도 있어 뜻깊었다. 또 의용소방대는 수시로 등산로 정비 및 안전표지판 점검 활동을 벌이기도 한다.

사실 옆집에 누가 사는지조차 잘 모르는 도시의 생활에서는 얼핏 잘 볼 수 없는 모습이다. 이웃집에서 불이 나도 알 수 없는 환경적인 구조도 그렇다. 우리 동네에 누가 얼마나 사는지, 살아가는 형편은 괜찮은지 도통 알 수가 없다. 이웃끼리 함께 어려운 일을 이겨내고 서로 고생했다며 오붓하게 모여 도란도란 이야기를 나눈 적은 또 언제였던가. 문득 아쉬움이 밀려왔다. 함께 살아가는 이웃이 없다는 것. 도시가 잃어버린 중에 가장 안타까운 것은 아닐까?

세월과 부대껴가며 소를 키우다

임 대표는 스물여섯 살 무렵 처음으로 젖소 송아지를 들여서 스물일곱 되던 해부터 본격적인 젖소 착유를 시작했다. 12마리로 시작한 착유두수는 곧 40마리까지 늘어났다. 당시 농촌에서 낙농(酪農)은 가장 안정적인 수입원 중에 하나였다. 당시 임 대표가 중요하게 생각한 것은

어떤 농장보다 자유롭게 성장하는 봉화산농장의 한우. 임 대표는 소를 키운다고 생각하지 않고 함께 생활한다는 생각으로 소와 지냈다고 말한다.

'안정적인 수익 확보'였다. 벼농사를 짓고 있기는 했지만, 위로 누님들만 있는 상황에서 가족 전체를 생각하지 않을 수 없던 형편이었기 때문이었다. 손이 많이 가지 않으면서 벼농사와 어울려 할 수 있는 일이 없을까 고민하던 임 대표에게 '젖소'는 딱 맞춘 것처럼 적절한 선택이었다. 처음부터 배워가며 시작한 젖소였지만, 임 대표는 어렵지 않게 잘 적응했다. 소와 궁합이 잘 맞았다고 할까, 키우면 키울수록 재미가 났다. 혼자 힘에 부친다는 생각은 한 번도 해본 적이 없을 만큼 점차 낙농업에 빠져들었다. 때마침 당시에 유제품 가공사업도 활성화되면서 예상보다 수익도 많아졌다. 그렇게 7년 정도 젖소를 키우다가 덜컥 아버지의 병환을 만났다. 본격적으로 규모를 갖춰서 낙농업에 주력할 만한 시점이었지만 임 대표는 젖소를 다 정리하고 한우로 옮겼다. 아버지의 병간호 때문이었다. 병간호를 해드리면서 하루에 두 번씩 젖을 짜고, 젖소를 관리하고, 송아지를 낳고 키우는 일을 다 해낼 수는 없었다. 만약 아버지의 병환이 아니었다면, 지금쯤 임 대표는 대규모 낙농업을 하고 있었을지도 모르겠다. 하지만 낙담하지는 않았다. 그렇다고 해서 소 키우는 일을 완전히 그만 둔 것은 아니었다. 기존의 축사와 7년간의 낙농경험을 활용하기로 했다. 자연스럽게 젖소보다 비교적 손이 덜 가는 '한우'로 전환한 것이다. 집안 상황을 고려해야 했기 때문에, 젖소를 시작하던 때처럼 송아지를 사와 맨 처음부터 다시 시작할 수밖에 없었다. 한우는 젖소처럼 젖을 짜고, 관리하는 일이 없으니 한결 수월했다. 비육우를 중심으로 조금씩 느리지만 규모를 늘려갔다. 그렇게 시작한 한우도 순조롭게 규모를 키워 100두 가까이 늘어났다. 그 정도 규모라면 젖소를 키우면서 해보려고 했던 본격적인 규모의 축산사업을 시작할 수 있었다. 사람을 모으고 시설을 정비해서 대단위의 축산업을 해볼 종자돈 같은 시점이 된 것이다. 그런데 이번에는 그만 외환위기가 터져버렸다. 한우를 모두 팔아서 집안 식구들, 누이들이 지고 있던 빚을 정리해야 했다. 한편으로는 다행이었지만, 대규모 축산농가의 꿈은 또 한 번 꺾이고 말았다. 시절이 야속했다. 순탄하게만 보이다가도 결정적인 고비를 막아서는 세월이 원망스럽기도 했을 것이다. 하지만 임 대표는 다시 텅 빈 축사에 송아지를 사다 넣었다. 5년이었다. 임 대표는 5년만 열심히 키우면 한 번 더 도약할 기회가 찾아오리라 생각했다. '앞으로 5년 동안은 오로지 한우에만 집중하자'고 마음먹었다. '된다, 된다' 두 번이나 뜻하지 않은 어려움으로 꺾여버리고 말았지만, 그래도 임 대표는 시간의 힘을 믿었다.

올해가 그 5년이 되는 해이다. 이제 사육 두수도 다시 100두 가까이 근접했다. 이제는 한두 마리 키워서 팔고 하는 형태가 아니라 처음부터 기업경영 형태를 갖춰서 본격적인 출하를 할 수 있도록 준비하고 있다. 사료로 쓰이는 옥수수 싸이레지를 위해 옥수수밭 4,000평도 혼자 돌보면서였다. 임 대표의 한우 사양(사료)관리는 포천시 농업지원과에서도 인정할 만큼 뛰어나다. 지난 5년 동안 많이 힘들지 않았냐고 물어보았다.

"소하고는 금전거래를 하는 게 아니잖아요. 서로 함께하는 거지요. 나도 소에게 마음을 쏟고 돌봐주지만, 또 나도 소에게서 마음에 힘을 얻는 겁니다. 혼자서 고생한다고 생각한 적은 없는 것 같네요. 소하고 같이한다고 생각하니까 힘이 났나봅니다."

기다림에는 힘이 있다

본인의 잘못이 아니었다. 실수나 실패로 인한 좌절도 아니었다. 임 대표가 두 번이나 젖소와 한우를 정리해야 했던 것은, 그저 운이 따라주지 않았다고 하기에는 참 가혹하다 싶을 만큼 뜻하지 않은 불행이었

조경수 가지치기하고 있는 임두빈 대표. 적지 않은 조경수 관리가 힘에 부치지 않는 것은 아니지만 세심한 관리만큼은 임 대표의 몫이다.

다. 원치 않게 소들을 다 떠나보낸 뒤 텅 빈 축사를 찾았을 때 임 대표의 마음은 어땠을까? 하지만 빈 축사에 송아지를 들여서 다시 시작할 수 있었던 힘은 바로 축사 뒤편 산에 심겨진 또 다른 '친구'가 있어서 가능했다. 바로 '조경수'였다. 임 대표는 마치 새 친구에게 오래된 친구를 소개하는 아이처럼, 조금 들뜬 표정으로 축사 뒤 편 조경수 재배포지로 안내했다.

약 7,000그루의 나무들이 쭈욱 줄지어 서 있는 모양이 제법 장관이었다. 조금 올라가니 사람 키보다도 훨씬 큰 조경수들이 시야에 가득 찼다. 대부분 15년, 20년 이상 된 것들이라고 했다. 20년 전만 해도 이 지역은 목장도 드물었고, 산에 나무도 드물었다고 한다. 임 대표가 조경수 재배를 시작한 것은 우연한 기회 때문이었다. 그때는 아직 젖소도 시작하기 전이었다. 볼 일이 있어서 서울에 나갔는데, 여기저기서 아파트 건축사업이 한창이었다. 건축 중인 아파트를 보면서 임 대표 눈에는 군데군데 나무 심을 자리가 보였다.

'저기다 나무를 심으면 좋을 텐데.' 누가 가르쳐준 것도 아니었지만, 임 대표의 눈에는 다른 것도 아닌, 나무 심을 자리가 보였던 것이었다. 알아보니 조경수 재배는 큰 돈 들이지 않고도 작게 시작할 수 있었다. 스물 대여섯 살의 혈기왕성한 청년이었지만, 임 대표는 오히려 느긋하게 마음을 먹었다.

"그냥 심었어요. 당장 내다팔 것이 아니라고 처음부터 마음먹었지요. '한 이십 년쯤 지났을 때, 그때라면 뭐가 되도 되어 있겠지' 싶었습니다."

조경수 재배는 주로 소나무와 주목을 하고 있다. 소나무는 수형(樹形)에 따라서 연못용, 관공서용, 별장용으로 나뉘는데, 가지의 갈라짐에 따라서 그 쓰임새를 결정한다. 사철 내내 푸르른 상록수인 소나무는 특히 많은 사람들이 선호하는 조경수이다. 수령 50년에 키가 10m 가량 되는 장송은 대형아파트 단지나 공공기관, 빌딩 등에 많이 쓰이는데, 수령이 100년이 넘고 잘 뻗은 것들은 5,000만 원을 훌쩍 넘겨서 거래되기도 한단다. 나무를 심은 지 20년이 넘었다는 말에도 놀랐는데, 50년 100년 된 소나무의 이야기를 들으니 좀 머쓱해졌다. 평범하게 아무렇게나 서 있는 나무인 줄 알았는데, 값어치 있는 조경수는 따로 있는 듯싶었다.

주목 또한 소나무와 같은 상록수로 여러 종류가 있지만, 흔히들 줄기의 색깔이 적갈색의 붉은 빛을 띤다고 하여 '주목(朱木)'으로 통칭한다. 줄기에서 추출한 붉은 빛의 수액은 옛날 조선시대 임금의 옷인 곤

기다림의 힘을 보여주는 조경수 옆에 선 임두빈 대표.
조경수 재배는 단기간에 성과를 보고 뛰어들 경우 무조건 실패할 수밖에 없다.

룡포를 염색하는 데 쓰이기도 했단다. 주목나무는 예전부터 음지에서도 잘 자라는 특성 덕분에 추위에도 강하고 공해에도 크게 영향 받지 않아서 조경수로 많이 쓰였디고 한다. 또한 잎도 조밀조밀 달리며 잎의 색깔도 진한 초록색을 띠어서 조경수로서 손색이 없다. 대신 생육시간은 느린 편이다. 주목의 재배 시에는 배수 관리에 특히 신경을 써야한다고 하며, 가지치기를 너무 강하게 하는 것보다 나무를 키우는 데 더 중점을 두고 재배할 것을 권한다.

원추형으로 우뚝 솟은 주목나무들 사이로 걸어 올라가니 마치 유럽의 어느 궁전 정원을 거니는 느낌이다. 이 나무들을 혼자서 심고 관리하면서 임 대표는 얼마나 뿌듯했을까 생각해보았다.

"일할 때는 물론하고, 일이 없을 때에도 종종 혼자서 올라와요. 나무를 보고 있으면 마음이 저절로 편해지거든요. 처음부터 취미삼아 편하게 심기 시작해서 그런가 봐요. 어려운 일이 있을 때도 여기에 오면 마음이 안정되고요."

갑자기 어느 산림욕장이 생각났다. 산림욕장에서 나무들 사이에 머물며 며칠을 보냈더니 혈압과 혈당수치가 낮아졌다는 TV 보도도 생각났다. 이십 년 넘게 조경수를 재배하면서 나무에 둘러싸여 살아온 임 대표는 본인도 모르게 산림욕의 효과를 본 게 아닐까. 나무를 둘러보는 임 대표의 모습이 꼭 오랜 친구를 어루만지는 것처럼 다정해 보였다. 공들인 젖소와 한우를 뜻하지 않게 정리해야 했어도, 바로 이 나무들이 우뚝 서서 임 대표의 곁을 지켜주었겠다 싶었다. 절망하기보다 처음부터 다시 시작하자고 마음먹을 수 있었던 힘은 바로 처음부터 '나무'를 벗 삼아 살아온 덕분이었다.

곱게 키운 딸을 시집보내듯이 작년 무렵부터 조경수 판매를 시작했다. 한 해에 약 3,000만 원 가량의 수익을 내는데, 이십 년간 키운 결실이 이제부터 하나 둘씩 맺어지는 셈이다. 나무를 파는 방식은 '작상'보다는 '목대'로 넘긴다. 직접 나무를 굴취해서 차에 실어주는 상차까지 포함하는 것이 '작상'이고, 미굴취 상태의 나무를 판매해서 구입한 사람이 작업해 가져가는 것이 '목대'다. 당연히 작상가가 목대가보다 가격이 높지만, 다른 장비 없이 혼자 하는 조경수 재배다 보니 목대로 넘긴다고 한다. 작상과 목대를 설명하는 임 대표가 엊그제 조경업자가 찾아와 나무를 파간 자리를 가리킨다. 어딘가 쓸쓸해 보이는 듯 했는데, 곧바로 새로 심은 자리를 가리키며 소개해준다. 심은 지 얼마 되지 않은 묘목들이 마치 갓 태어난 아기 새들처럼 잎사귀도 별로 없이 앙상하게 서 있다. 저 묘목들도 세월이 지나면 우뚝 솟은 큰 나무가 될 것이다.

시간은 그저 흘러가기만 하는 것이 아니다. 나무는 그것을 증명하고 있었다. 견뎌낸 시간만큼 훌쩍 자란 나무는 기다림이 얼마나 힘이 있는 것인지 보여주는 증거다.

"도시가 잘되어야 농촌도 잘되지 않을까요?"

임두빈 대표가 불쑥 말을 건넸다. '농촌이 잘되어야 도시도 잘 된다'는 말을 잘못 들은 줄 알았다.

"미국산 소고기가 들어오는 것도 그렇잖아요. 일단 가격이 싸니까. 한우 좋은 줄은 다들 알지만, 가격이 부담되니까 그린 깃 아니겠어요? 그러니까 도시가 다 잘살아서 부담 없이 한우를 먹을 만큼 되면 저 같은 한우농가도 더 잘되는 것 아닐까요?"

듣고 보니 일리 있는 말이다. 도시와 농촌은 결국 상호보완적인 관계가 아닌가. 도시만 발전한다던지, 무조건 농촌부터 먼저 도와야 한다는 말은 자칫하면 서로 대립하고 경쟁하는 관계로 빠질 수도 있다.

"유통도 잘 알고 그래야 하는데, 성격 탓인지 소하고 나무만 보고 살면서 그저 일가친척들하고 같이 지내는 것만 좋아하네요."

임 대표는 아내와 함께 아들 둘, 딸 둘의 네 자녀를 두고 있다. 부모님은 본래 황해도 출신으로 한국전쟁 당시 피난을 내려오면서 월남해 지금의 포천시 관인면에 정착했다. 아버지는 병환으로 돌아가셨고, 어머니는 아직 정정하시다.

집 바로 앞으로 난 냉정리 저수지의 경치가 제법 운치 있다. 아내와 아이들, 어머니와 함께 지내며 소와 나무와 어울려 사는 삶. 누구라도 나가서 시끌벅적한 다른 것을 찾지 않아도 될 것 같다.

산에 올라 이십 년간 심어온 나무가 자라는 모습을 보고, 소들과 함께 마음을 주고받으며, 사랑하는 가족들이 옆에 있기에 그의 마음이 유달리 넉넉한 것은 아닐지. 본인은 성격 탓이라고 하지만 의용소방대 활동이며 또 새마을 협의회 활동 같은 것도 열심히 발 벗고 나서는 임두빈 대표다. 작년까지는 5년간 농업경영인연합회 회장직도 맡아서 했었다. 알고 보면 그의 하루일과도 제법 분주하다. 그러나 그에게서 분주함에 쫓긴다던지, 조급함 같은 것을 찾아볼 수는 없었다. 사실은 임두빈 대표야말로 세상에서 가장 넓고 여유로운 세상에서 살고 있는 것이란 생각이 들었다.

임두빈 대표는 1993년 후계농으로 선정되었고 현재 경기도 포천시 관인면 냉정리에서 '봉화산 농장'을 운영하고 있다. 수도작, 한우(110두), 조경수(소나무/주목 7,000주)를 영농하며, 특히 구제역 사태 때 관인면 공동방제단장을 맡아서 성공적인 방역활동을 펼쳤다. 관인면 농업경영인연합회 회장을 역임하였고, 관인면 의용소방대장으로 활동 중이다.

부록

1. 후계농업경영인 지원 안내
2. 후계농업경영인 Q&A
3. 꼭 챙겨야 할 농업 경영·정책 정보

1. 후계농업경영인 지원 안내

치밀한 계획 종합적인 정책 지원, 성공을 앞당기는 날개를 달아 드립니다.

- **후계농업경영인, 농산업의 희망과 미래를 창조하는 주역입니다.**
  - 모든 경쟁력의 원천은 '사람'입니다. 글로벌 대한민국의 농식품 경쟁력과 풍요로운 농촌을 구현하기 위해 젊고 능력 있는 후계농업경영인 육성은 미래를 좌우하는 핵심 과제입니다.

- **인재 양성을 위한 후계농업경영인 육성정책 '선발부터 지원까지' 확 바뀌었습니다.**
  - 객관적이고 미래지향적인 선발평가기준을 새로 개발하여 45세 미만의 우수한 역량과 경영마인드를 갖춘 후계농업경영인을 선발합니다.
  - 정책자금 지원을 비롯, 7년 동안 교육과 컨설팅 등 성장단계별 맞춤형 종합서비스가 제공됩니다.

- **경영역량과 전문기술을 갖춘 당당한 농업 CEO 지역 리더로 도약하는 첫 걸음입니다.**
  - 급변하는 농업환경에 적극 대처할 수 있는 문제해결 능력, 위기를 기회로 전환시키는 창조력, 체계화된 전문농업기술, 시장의 흐름을 읽고 한발 앞서 대처하는 경영역량까지, 농업 CEO의 자질을 갖추고 지역리더로 성장할 수 있도록 도와줍니다.

경영 성장 단계별 맞춤형 종합서비스가 마련되어 있습니다.

진입단계→ 창업단계→ 성장·발전단계로 이루어진 단계별 맞춤 지원정책이 있습니다. 자신에게 맞는 단계별 정책서비스를 활용하세요!

단계별 수요자(창업준비, 창업, 우수후계농)가 실제 원하는 부문(교육, 자금, 인프라)에 맞춰 지원받을 수 있습니다.

Step 1 진입 _ 농산업인턴제사업

농업을 새롭게 시작하는 신규 농업창업자들이 안정적으로 농업·농촌에 정착할 수 있도록 현장경험 기회를 제공합니다. 영농진입 시에는 영농기반 마련, 기술 습득 등 영농에 관한 철저한 준비가 선행되어야 합니다.

Step 2 창업 _ 후계농업경영인지원사업

본격적으로 농업창업을 계획하고 있다면 무엇보다 치밀한 사업전략 수립이 필요합니다. 경쟁력 강화를 위한 교육, 컨설팅, 영농자금, 영농기술 등 체계적인 준비를 위한 정책을 활용하십시오.

Step 3 성장 발전 _ 우수농업경영인추가지원사업

유능한 미래 농업 전문인력의 체계적 확보와 유지를 위하여 후계농업경영인으로 선정된 농업인들의 경영규모 확대 및 경영개선을 지원합니다. 추가 지원사업을 통해 영농규모, 생산량, 마케팅 등 농업경영 전반에 대한 새로운 전략을 세우십시오.

Part 1 진입

농업계 학교를 마치고 본격적으로 영농을 준비하는 초보 농업인을 돕는 정책 지원이며 농산업인턴제가 마련되어 있습니다. 융자 등에 결격사유가 없고, 일정한 교육을 이수한 사람이라면 누구나 지원할 수 있습니다.

농산업인턴제

영농에 관심있는 사람이 실제 영농을 체험함으로써, 현실감과 자신감을 갖고 정착할 수 있도록 지원하는 사업입니다. 앞서 성공한 선도농가로부터 영농에 필요한 각종 기술과 노하우를 습득할 수 있도록 인턴 프로그램을 체계적으로 운영하고 있습니다.

지원대상

사업시행년도 1월 1일 현재 만 15세~44세 이하의 미취업자 사업시행연도 3월 31일 현재 농고(3학년) 및 농업계 대학 재학생(신청자격이 없는 자 : 한국농수산대학 졸업(예정)자, 후계농업경영인으로 선정된 자, 자녀·배우자·본인 및 배우자의 직계존속 또는 형제 자매의 경영체에서 인턴을 수행하고자 하는 자)

연수내용

선도농가의 지도하에 8개월 이내 기간 동안 현장실습
(연수 기간 동안 국고와 지방비 보조에 따른 일정 보수 지급)

신청방법

해당 시·군(읍·면·동) 또는 농업기술센터에 문의 후 신청

Part 2 창업

본격적으로 창업에 뛰어든 농업인들이 좀더 쉽고 안정적으로 정착할 수 있게 돕는 정책사업으로 후계농업경영인 지원사업이 마련되어 있습니다. 체계적이고 전문화된 정책 서비스를 십분 활용해 전문 농업경영인으로 성장하십시오.

후계농업경영인 지원사업

유망한 예비 농업인 및 우수 농업경영인을 발굴하여 일정기간 동안 교육, 컨설팅, 영농자금, 복지서비스 등 종합적인 지원을 합니다. 정예 농업인력으로 성장하려는 분에게 유용한 사업입니다.

지원대상

- 사업시행년도 1월 1일 현재 만 18세~45세 미만인 사람으로 영농에 종사한 경력이 없거나 종사한 지 10년이 지나지 않은 사람
- 대학의 농업 관련 학과나 농업계 고등학교를 졸업하였거나 시장·군수·구청장이 인정한 농업 교육기관에서 관련 교육을 이수한 사람
- 농어업경영체 육성 및 지원에 관한 법률 제4조에 따라 농업경영정보를 등록한 농업인(등록예정자 포함)
- 병역필·병역면제자(여성 포함) 또는 산업기능요원 편입대상자

지원내용

- 창업기반 조성비용
- 최대 2억 원 : 운전자금은 총 대출금액의 20% 이내(연리 3%, 3년 거치 7년 균등 분할 상환)
    - *실제 대출금액은 신청자의 담보가치 및 신용상태 등에 따라 달라짐
    - *귀농인 농업창업자금을 받은 분은 지원 대상에서 제외

Part 3 성장 발전

사업기반을 갖춘 농업경영인들에게 도약의 길을 열어드립니다. 우수농업경영인 추가지원사업, 농어업경영컨설팅 지원사업이 마련되어 있습니다. 규모를 확대하거나 경영개선이 필요하다고 판단될 때 언제든 활용하십시오.

우수농업경영인 추가지원사업

유능한 농업전문인력을 체계적으로 확보하고 유지하기 위한 사업으로서 우수 후계농업경영인을 선정, 영농규모 확대와 경영개선에 필요한 자금을 농가당 8천만 원까지 융자 지원합니다.

지원대상

후계농업경영인으로 선정된 지 5년 이상 경과된 자로서 현재 영농에 종사 중인 사람(단, 추가지원대상자로 선정되어 자금을 지원받은 사람은 제외)

지원조건

최대 8,000만 원까지 융자 지원(연리 3%, 5년 거치 10년 균등 분할 상환)

신청방법

해당 시·군(읍·면·동) 또는 농업기술센터에 문의 후 신청

2. 후계농업경영인 Q&A

I. 신청자격과 대상자 평가

Q 후계농업경영인 육성사업의 신청자격과 조건은 어떻게 되나?

A 연령, 병역, 영농경력, 교육실적, 경영정보 등록 여부 등에 관해 몇 가지 자격 제한이 있다. 신청자격은 ▲사업 시행연도의 1월 1일을 기준으로 만18세 이상, 45세 미만 ▲병역 필이나 면제(여성 포함), 또는 산업기능요원 편입대상자 ▲영농에 종사한 적이 없거나 영농경력 만 10년 이내 ▲대학의 농업 관련 학과 또는 농업계 고등학교 졸업자이거나 시·군·구청장이 인정한 농업교육기관의 교육이수자 ▲농업경영정보를 등록하였거나 등록예정인 농업인이어야 한다.

Q 과거에 후계농으로 선정되었다 취소된 적이 있다면 후계농에 다시 신청할 수 있나?

A 이미 후계농으로 선정되었다 취소된 사람이라 하더라도 후계농 신청은 가능하다. 다만 취소된 후 3년이 경과한 이후부터 신청할 수 있다.

Q 현재 다른 산업분야에 종사하는데 후계농 사업에 신청할 수 있나?

A 후계농 신청 당시 농업 외 타 산업의 전업적 직업보유자 및 사업자등록증

소지자는 신청할 수 없다. 다만 선거 또는 위촉에 의하여 선임된 상근 또는 비상근 근로자라면 신청할 수 있다.

Q 후계농 선정 과정은 어떤 절차를 거치게 되나?

A 농식품부가 각 시·도별로 사업량을 배정하고 각 시·도가 최종적으로 후계농을 선정하는 방식이다. 후계농 신청자가 읍·면·동 농업기술센터에 신청서를 접수하면 시·군·구가 심의회를 열어 사업 지원 대상자를 추천하고, 이들을 대상으로 전문평가기관(농림수산식품교육문화정보원)이 평가를 하게 된다. 평가 결과가 나오면 시·도에서 그 결과를 토대로 최종적으로 대상자를 선정한다.

Q 거주지와 농지구매 지역이 다른 경우에는 사업신청서를 어디에 제출해야 하나?

A 현 주민등록상 거주지에서 사업을 신청하면 된다. 예를 들어 연천시에 거주하는 사람이 철원지역의 농지를 구매하여 사업을 실시할 계획이라면 현재 주민등록상 거주지인 연천군에서 사업을 신청하여야 한다.

Q 후계농 신청절차와 방법은 어떻게 되나?

A 후계농 신청절차는 사업계획 수립(1단계), 구비서류 준비(2단계), 신청서 접수(3단계)의 3단계로 진행된다. 1차적으로 사업신청자가 전문컨설팅업체(또는 농업기술센터 등 공공기관)의 자문과 농협 등 대출취급기관의 금융상담 등을 통해 사업계획(자본조달 및 투자계획 포함)을 수립하여야 하며, 사업계획서가 작성되었다면 관련 서류를 갖춰 주민등록상의 거주지 관할

읍·면·동사무소 또는 농업기술센터를 방문해 신청서를 접수하면 된다.

Q 고등학교나 대학교 졸업예정자도 후계농에 신청할 수 있나?
A 후계농 선정평가 해당연도 2월에 졸업이 가능한 자(졸업예정증명서 제출)라면 신청할 수 있다. 또한 농업계 대학이나 고등학교 졸업예정자는 선정평가표상의 교육실적으로도 인정받을 수 있다.

Q 시·군에서 추천할 수 있는 후계농은 몇 명까지인가?
A 시·군에서는 '후계농 심사위원회'를 개최하여 선정 인원의 1.5배수 범위 내에서 신청자를 선정해 시·도에 신청서를 제출할 수 있다.

Q 후계농으로 선정되면 어떤 지원을 받을 수 있나?
A 일정기간(7년) 동안 창업기반 조성비용 및 역량강화 비용 등을 지원받을 수 있다. 창업기반 조성비는 농지, 시설, 운영비 등을 말하며, 역량 강화 지원비는 교육·컨설팅 지원을 말한다.

Q 우선추천 대상은 어떤 사람을 말하나?
A 한국농수산대학, 여주농업경영전문학교 졸업자로 학교장의 추천을 받은 자는 특별한 결격사유가 없는 한 우선 추천 대상이 된다. 추천 인원의 20% 이상은 농업계학교(농고·농대) 졸업자를 우선 추천하도록 하고 있으며, 여성 농업인도 20% 범위 내에서 우선 추천을 받는다.

Q 후계농 선정 제외 대상 기준은 무엇인가?

A 지자체의 선발심사 과정에서 전문평가기관을 통해 사업수행 능력과 타당성을 검증받지 않은 자, 금융기관의 여신규정에 따라 부적합 대상자는 후계농에 신청할 수 없다. 또 사업신청일 기준으로 농업 이외의 타 산업분야에 전업적 직업을 보유하고 있거나 사업자등록증을 소지한 사람도 선정 대상에서 제외된다. 그러나 선거 또는 위촉에 의하여 선임된 상근 또는 비상근 근로자(농협 등 조합 상근 임직원, 공무원, 교사, 공기업 등 정부투자 및 출연기관 등)라면 후계농에 신청할 수 있다.

Q 후계농 서면평가 시 자격증은 어떻게 반영되나?

A 원칙적으로 국가에서 발급하는 농림식품 관련 자격증만 인정한다.

Ⅱ. 자금지원

Q 타인의 영농현장에 취직한 사람도 후계농 자금을 지원받을 수 있나?

A 후계농으로 선정된 사람이 타인의 농장에서 고용원으로 일을 하는 것은 불가하며, 반드시 본인 소유의 영농 기반을 갖고 자기 영농을 해야 한다. 다만, 본인의 농업 기반을 갖고 영농을 하면서 동시에 농업법인 등에서 농업 관련 일을 하고 있다면 자금지원 대상이 될 수 있다.

Q 후계농 자금의 지원대상 범위는 어떻게 되나?

A 농지구입, 고정식온실, 축사 등 농산물 생산기반 구축에 필요한 자금과 운

영자금(총 대출금액의 20% 이내) 등이 지원대상이다. 임대료 및 농업관련 시설이라 하더라도 생산기반과 크게 관련이 없는 시설(예: 버섯 종균배양 시설), 그리고 임업분야인 임산물(표고버섯, 밤, 송이버섯, 산나물, 산약초, 장뇌, 조경수, 분재, 대추 등) 생산, 내수면 어업 등의 사업에 대해서는 자금을 지원하지 않는다.

Q 다른 사람의 명의로도 후계농 사업을 추진할 수 있나?

A 후계농 육성자금은 후계농으로 선정된 사람의 명의로 된 사업만 추진할 수 있으며, 융자금 지원 시 등기부등본, 계약서 등을 통해 토지구입, 시설 건립 등의 사업추진실적을 확인한다. 따라서 후계농이 공동경작을 하고 있는 아버지, 남편 등의 명의로 토지를 구입하거나 시설을 건립하였다면 이 자금을 사용할 수 없다.

Q 운영자금으로 사업비를 지원받아 사료비, 유류대 등으로도 사용할 수 있나?

A 운영자금(운전자금)은 농업 창업에 필요한 묘목, 종자구입, 가축 입식비, 정보화사업 등에는 사용할 수 있으나 창업기반에 소요되는 비용 이외의 일반 영농비 성격의 용도로는 사용할 수 없다.

Q 후계농 자금을 지원받을 때 사업추진확인서를 제출해야 한다고 되어 있는데, 사업추진확인서가 무엇인가?

A 시장·군수(농업기술센터 소장)가 발급하는 사업추진확인서를 말한다. 사업을 추진하기 이전에 자금지원이 필요하다면 현재까지의 사업추진실적을 확인한 후 하자가 없는 것으로 판단될 때 사업추진확인서가 발급된다.

확인서를 발급받으려면 매매계약서, 온라인 입금 영수증, 세금계산서 등 사업실적에 따른 증빙서류를 제출하여야 한다.

Q 사업추진 기간은 어떻게 되나?

A 후계농으로 선정된 당해 연도가 기본적인 사업추진 기간이다.
다만 1차 연도에 사업량의 40% 이상을 추진할 경우에 한해 총 3년간 2억 원 범위 내에서 분할 대출을 받을 수 있다.

Q 기존 시설물을 매입한 경우에도 자금을 지원받을 수 있나?

A 기존 시설물의 활용도 제고를 위해 축사, 고정식 온실, 하우스 시설 등 기존의 영농시설물에 대한 구입비는 지원받을 수 있다. 다만, 하우스 시설 등 등기부등본이 없는 경우 지원 기준가격은 계약서상의 금액을 기준으로 하며, 일반적인 거래가격을 초과하여 지원되지는 않는다.

Q 본인의 인건비도 후계농 사업비에 포함시킬 수 있나?

A 연간 사업비가 3천만 원 미만인 사업의 노무비를 사업자등록증 소지자 외의 자에게 지급하고 자필영수증을 받았다면 시장·군수·구청장이 해당지역 물가수준을 고려하여 정한 범위 내에서 증빙으로 인정할 수 있다. 또한 사업비의 1/6의 한도 내에서 지원 대상자 및 그 가족의 노무비도 1인에 한해 시장·군수·구청장의 확인하에 지급받을 수 있다.(농림수산사업자금집행관리기본규정 제4조 제6항)

Q 후계농의 자격 유지 기준은 어떻게 되나?
A 후계농으로 선정된 후 2년 이내에 창업을 하지 않으면 자격이 취소되고, 향후 3년 동안 사업에 신청할 수 없다. 단, 후계농 자금을 대출받지 않고 농업 창업을 하였다면 후계농의 자격은 유지된다.

Q 여성농업인이 후계농 사업을 추진하였는데 소유권 등기를 남편 명의로 하였다면 어떻게 되나?
A 이 경우에는 사업신청 당시 사업계획서에 의하여 사업시행연도에 사업을 추진(착공과 완공)하였는지를 사업주관기관이 확인(사업시행연도 이전 사업에 대하여 소급적용 불가)한 후 남편 명의의 소유권 등기를 부인 명의로 이전한다면 자금을 지원받을 수 있다. 남편 명의로는 사업비가 지원되지 않는다.

Q 창업 기반 조성비용과 관련하여 축사신축용 토지 구입비도 지원받을 수 있나?
A 축사신축용 토지는 사업주관기관이 사업계획서에 의거해 정상적으로 축사 신축이 가능하다고 인정하는 경우에 한하여 지원 가능하다. 축사신축용 토지를 구입한 후 1년 이내에 축사신축을 완료하지 못하면 지원금이 환수된다.

Q 임대사업에도 자금을 지원받을 수 있나?
A 후계농이 임대차계약을 체결하고 후계자가 장기 임대한 사업부지 위에 시설을 설치하는 경우, 또는 축사 등 건축물을 임대하여 내외부에 시설을

설치하는 경우에는 자금을 지원받을 수 있다. 다만, 지원 대상은 사업목적물의 설치 및 구입자금(임대료 등 운전자금은 지원불가)으로 제한된다. 임대기간은 특별히 정하지 않고 있으나, 통상적인 임대기간인 3~5년으로 하고 있으며, 사업주관기관인 시·군에서 사후관리를 통해 임대기간 만료 후에도 임대계약갱신 또는 타 물건 임대 등으로 사업의 계속성 여부를 관리하게 된다.

Q 후계농 육성사업의 사전융자는 어떻게 이뤄지나?

A 사전융자는 농지 및 축사 신축용 부지구입을 대상으로 한다. 사전융자를 신청하려면 사업추진계획서(시·군·구 발급), 「공인중개사의 업무 및 부동산거래신고에 관한 법률」에 의한 부동산 거래계약 신고필증, 담보물 증빙서류를 제출하면 되며, 대출 규모는 전체 대출금의 70% 범위 이내에서 진행된다.

Q 후계농 육성사업의 사후융자는 어떻게 이뤄지나?

A 사후융자는 시설 설치, 농식품 가공·제조 사업, 묘목·종근(화훼묘 포함) 구입 등을 대상으로 한다. 사후융자 신청 시에는 「사업추진실적확인서」가 필요한데 이 확인서는 사업대상자가 사업진행관련 증빙자료(영수증 또는 세금계산서, 금융기관 거래자료 등)를 시·군청에 제출하면 시·군청이 발급해준다. 묘목 및 종근(화훼묘 포함) 구입, 농식품 가공·제조기계 구입의 경우에는 사업자등록증 소지자가 발행한 세금계산서 및 영수증 등을 제출하면 사후융자를 받을 수 있다.

Q 여성농업인에 대한 우대조건이 있나?

A 여성이 후계농을 신청한다고 해서 가산점이 부여되는 것은 아니다. 다만 후계농 선정자의 20% 범위 내에서 여성농업인을 우선 추천할 수 있다.

Q 농림수산업자신용보증기금(농신보)이 무엇인가?

A 담보력이 미약한 농림수산업자에게 신용보증서를 발급함으로써 농어업인이 금융기관을 통하여 농림수산업 발전에 필요한 자금을 원활하게 대출받을 수 있도록 지원해주는 제도이다. 농림수산업에 종사하는 개인, 단체 또는 법인으로서 농림수산업 발전을 위한 사업자금이 필요한 경우에는 누구나 보증을 이용할 수 있으나 기금의 보증여력이 부족할 경우에는 일정 대상자에 대하여 보증 지원을 제한할 수 있다.

신용보증 법령상 농신보 보증대상자	신규보증 지원 가능 여부
농업, 어업, 임업 등의 농림수산업종에 종사하는 개인 또는 개인사업자	보증가능
농림수산단체(영농·영어조합법인 등), 농림수산물생산자단체, 농림수산물 유통·가공단체, 농림수산물 수출중소기업 등	보증가능

Q 농기계 구입자금도 지원대상이 되나?

A 농기계구입자금(대출)에 대해서는 별도의 정책자금이 책정되어 있으므로 후계농 사업에서는 지원하지 않는다(2009년부터 제외).

Q 후계농 자금의 지원 방식은 어떻게 되나?

A 후계농의 창업독려 및 예산집행률 제고를 위해 선입선출 형태의 총 자금 Pool제로 운용하며, 예산범위 내에서 사업추진 및 자금신청을 먼저 하는 후계농에게 자금을 우선 배정한다. 후계농은 총 3년간 2억 원 한도 내에서 분할신청할 수 있으며, 후계농 지원사업 대상자로 선정된 당해연도에 사업계획 자금의 40% 이상을 대출해야 한다(사업량 40% 미만 추진한 경우에는 적용하지 않음). 예산부족 등의 사유로 자금을 지원받지 못할 경우 차후연도에 자금을 신청할 수 있다.

Q 농신보 이용 시 어떤 경우에 보증 이용이 제한되나?

A 금융기관에서 대출금(상거래채무 포함)을 연체 중인 자, 전국은행연합회의 신용관리대상자로 등록되어 있는 자(법인 대표자 또는 신용관리대상자에 해당하는 경우 포함), 과거 농신보에서 보증한 대출금을 상환하지 못한 자 및 그 대출금에 대해 연대보증을 한 자, 농신보의 설립 및 운영취지에 맞지 않는 사업을 하는 자 또는 사업자금에 대해서는 보증 이용을 제한하고 있다.

Q 농신보 이용 절차는 어떻게 되나?

A 농신보 이용 절차는 아래와 같다.

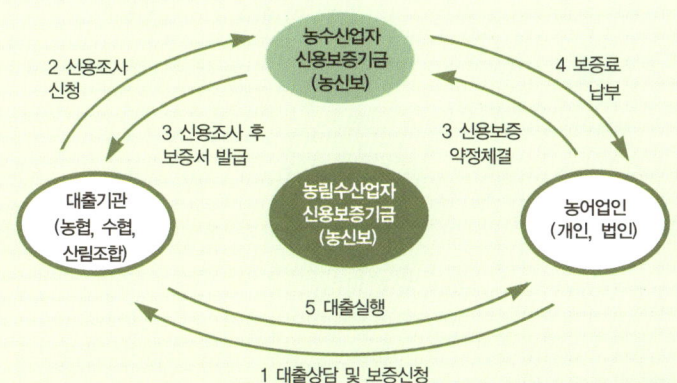

Q 농신보의 보증 종류는 어떤 것들이 있나?

A 농신보는 농림어업인에 대한 일반보증과 함께 농림어업인의 어려움을 해소하기 위한 정부정책에 부흥한 다양한 형태의 보증을 운용하고 있다. 일반보증은 3천만 원 이하, 5천만 원 이하, 2억 원 이하 2억 원 초과가 있으며, 정부 정책관련 보증은 우대보증과 특례보증이 있다. 후계농의 경우 일반 보증 한도와는 별도로 우대보증으로 신청 가능하다.

상품명	선도농 우대보증
주요내용	- 농업후계자 등의 정책자금에 대한 보증 - 지원대상 예시 : 후계농어업인, 전업농, 농업종합자금 등 - 일반보증 한도와는 별도로 1억 원까지 간이 신용조사 방법을 통하여 보증지원 결정
취급기관	가까운 농협, 수협, 산림조합, 농유공 영업점
소요예상	약 3일
준비서류	조합원확인서 등 보증대상자 확인서류, 주민등록등본, 주민등록증, 거주주택 등기부등본, 사업장 확인서류(농지원부, 어업면허장, 영농확인서, 등기부등본 등), 각 정부정책보증별 대상자 확인서류

Q 농신보의 보증한도는 어떻게 되나?

A 동일인당 보증한도는 개인 및 단체일 경우 10억 원 이내(신보·기술 신보 보증금액 포함), 법인일 경우 15억 원 이내(신보 기술신보 보증금액 포함)이다. 또한 예외 보증한도로 농신보 심의회가 농림수산업 발전을 위하여 특별히 필요하다고 인정하여 승인하는 농림수산업자의 사업과 자금에 대해서는 30억 원 이내까지 보증이 가능(신보·기술신보 보증금액 포함)한다. 예외보증한도 적용 대상에 대해서는 농신보가 별도로 정한 보증한도와 보증심사방법에 따라 보증서가 발급됩니다.

Q 후계농 지원 자금으로 초지 조성이 가능하나?

A 가능하다. 초지나 사료포를 조성하기 위한 논, 밭 또는 임야 등의 토지구입 자금에 대해서는 2010년부터 지원하고 있다.

Q 창업기반 조성비용의 대출한도는 얼마인가?

A 신청자의 담보가치 및 신용상태에 따라 최대 2억 원(운전자금은 총 대출선 정금액의 20% 이내)까지 가능하다. 상기 대출한도 내에서 일시 전액대출 또는 여러 건으로 분할대출받을 수 있다. 낙농분야의 경우 자부담으로 쿼터와 납유처를 확보한 경우에 한해 최대 5천만 원까지 지원된다.

Q 대출을 받을 때 반드시 담보를 제공해야 하나?

A 금융기관 대출에는 신용대출(무입보신용대출, 보증인입보 신용 대출)과 담보대출(부동산 담보대출, 보증인 담보대출)이 있다. 신용대출 한도 내에서 대출을 받고자 할 때는 담보가 필요 없으나, 신용대출 한도를 초과하여 대

출을 받고자 한다면 담보를 제공해야 한다.

Q 후계농으로 선정되었지만 담보력이 부족한 상태라면 융자를 받을 수 없나?
A 원칙적으로는 받을 수 없다. 그러나 담보력이 부족한 경우에도 농신보를 활용하여 대출을 받을 수는 있다.

Q 창업기반 조성비용의 대출기간과 금리는 어떻게 되나?
A 3년 거치 7년 분할상환으로 연리 3%의 조건으로 제공된다.

Q 홈페이지를 만들어 인터넷 판매와 홍보를 실시할 계획인데 사업비로 얼마까지 신청할 수 있나?
A 홈페이지 구축의 경우 창업기반 조성비용 중 운전자금에 해당하므로 총 대출선정금액의 20% 이내에서 신청할 수 있다. 예를 들어 전체 사업비가 1억 원이라면 홈페이지 개발비로 최대 2천만 원까지 운전자금을 신청할 수 있다. 운전자금은 사후융자로 진행되나 ① 대출희망 금액에 상응하는 담보를 제공하고, ②사업시행기관(시장·군수 등)이 발급한 「사업추진계획서」를 제출하면 사전대출도 가능하다.

Q 후계농 지원자금 신청 절차는 어떻게 되나?
A 사업대상자가 시·군에 사업추진계획확인서(사후융자일 경우는 사업추진실적확인서)를 신청해 발급(2개월 유효)받은 후 대출기관에 대출신청서를 접수한다. 대출기관에서는 대출 부적격 여부를 검토한 후 대출심사를 실시(농신보, 담보 등 채권보전 조치, 대출가능액 등 산출)해 적격자로 판단되면 사

업대상자와 대출약정을 체결한다. 그러고 나서 사전융자의 경우 운전자금을, 사후융자의 경우 시설자금을 각각 지급받게 된다.

Ⅲ. 사후관리

Q 후계농으로 선정된 이후에 회사 등의 사업체에 고용되었다면 어떻게 되나?

A 후계농이 공공기관, 회사 등에 취업하여 월정급여액(봉급) 및 연봉 등을 받는다면 후계농 지정이 취소되고 융자금도 회수된다. 다만, 영농에 지장이 없는 생계보전 부업형 취업, 농한기를 이용한 일시적 취업, 격일·격주 2~3회 교대근무, 선거 또는 위촉에 의하여 선임된 상근 또는 비상근 근무인 경우라면 시장·군수가 품목별 특성과 제반여건을 고려하여 예외적으로 허용할 수 있다.

Q 사업 장소에 대한 이전승인을 받지 않고 사업장을 이전하면 어떻게 되나?

A 후계농이 사업장소를 이전하여 영농에 종사하고자 한다면 이에 관한 시장·군수 등의 승인을 받아야 합니다. 따라서 시장·군수의 승인 없이 사업장소를 이전하였다면 원칙적으로 사업취소 요건에 해당된다.

Q 후계농 자금을 지원받았는데 일부가 허위로 밝혀진다면 어떻게 되나?

A 농림사업자금집행관리기본규정 제14조 제1항 제2호의 규정에 의한 사업비의 전부 또는 일부를 농림업 외의 용도로 사용한 때에는 제14조 제3항의 규정에 의하여 부당사용 사유에 해당되는 대출금을 회수하게 된다.

Q 특정 작목에 대해 자금을 이미 지원받았는데 이후에 다른 작목으로 변경할 수 있나?

A 사업계획 변경신청(신고)서를 시장·군수에게 제출하여 승인을 얻으면 된다.

Q 자금을 지원받은 농지 등이 타인 명의로 이전되어 사업을 계속하기 어려운 상황이라면 어떻게 되나?

A 자금을 융자받은 후 상환기일 전에 사업장을 매매하거나 지원 목적 이외의 용도로 사용하였다면 사업취소 사유에 해당된다. 따라서 지원 자금으로 구입한 농지의 소유권을 매매, 경매 등을 통해 타인에게 이전하였다면 사업계획변경 신청·승인 후 지원 자금을 재투자해야 하나 이를 이행하기 어렵다면 사업이 취소되고, 잔여 융자금도 회수된다. 다만, 사망·신병 등으로 불가피하게 사업을 계속할 수 없거나 기상재해 등으로 사업이 취소된 경우 중 융자금 일시회수로 생계유지가 극히 곤란하다고 시장·군수 등이 판단할 때에는 융자시 융자조건에 따라 융자금을 정상 상환하게 할 수도 있다.

Q 대출금을 부당 사용하였을 경우 별도의 제재조치가 있나?

A 이 경우는 정부지원자금 부당사용 사유에 해당되므로 그 경중에 따라 1~5년 동안 정책자금 지원을 제한받는다.

Q 후계농 자금으로 농업종사 분야와 무관한 사업체(슈퍼, 개인택시 등)를 경영해도 되나?

A 본인의 농업 종사 분야와 무관한 사업체를 경영하는 것은 사업 취소 사유에 해당되므로 융자금 잔여분도 회수 조치된다.

Q 후계농으로 선정된 이후에 사후관리는 어떻게 이뤄지나?

A 후계농의 안정적인 영농정착을 위해 시·군이 융자금 지원연도부터 융자금 상환일까지 사후관리를 실시한다. 후계농이 제출한 사업 추진 계획서의 사업 추진 일정에 맞추어 사업장을 방문해 현황을 확인하는 방식이다. 이때 융자금이 사업계획 외 타 용도로 이전·유용되었는지 사업장 이탈, 농지 및 시설매도 등이 있었는지 여부 등을 확인한다.

Q 현재 산업기능요원인데 후계농으로 신청할 수 있나?

A 산업기능요원 편입대상자에 한하여 신청할 수 있도록 되어 있으므로 현재 산업기능요원이라면 신청할 수 없다.

Q 후계농으로 선정된 후에 대학에 편입할 수 있나?

A 대학 편입과 관련해서는 농업에 지장을 주는 경우와 그렇지 않은 경우로 구분할 수 있다. 대학 편입이 농업에 지장을 준다고 판단될 경우에는 후계농 자격을 유지하면서 재학 기간 동안 매년 1회 이상 재학증명서를 제출하도록 하며, 농업에 지장을 주지 않는다고 판단될 경우에는 사업과 학업을 동시에 할 수 있도록 한다. 후계농의 대학 진학(편입)이 영농에 영향을 주는지 여부는 통학거리 및 주간 출석일수 등을 고려(예를 들어 주중 2

일 이상 출석일 경우는 불가능, 주말 포함 2일 또는 야간대학의 경우에는 가능) 하여 지자체 담당자가 판단한다.

Q 당해연도 기준인 경우 사업비 신청은 어떻게 해야 하나?
A 사업계획서상 올해 12월 31일까지가 정상 사업기간이므로 사업비를 올해 말까지 신청해야 하지만 지침에 한해 1회에 한하여 대출 기한을 연장(익년 6월 30일)할 수 있으며, 그 이후 2회 연장은(2개월, 8월 30일까지) 서류 보완과 관련이 있다.

Q 사업기간 동안 영농일지와 경영장부를 작성하여야 하나?
A 후계농은 영농일지와 경영장부를 작성하여 매년 시장 및 군수에게 제출 해야 한다. 작성 서식은 별도 양식 또는 Agriedu.net의 '생산경영정보시스템'을 이용하여야 한다.

Q 후계농 육성사업의 창업기반 조성비용은 어디에 사용할 수 있나?
A 창업기반 조성비용은 경종분야와 축산분야로 나뉘며, 가공시설도 창업기반 조성비용에 포함된다. 또한 2012년부터는 정보화 비용도 운전자금 내에 포함하고 있다.

Q 구입 농지를 매도한 후계농에 대해서는 어떤 조치가 이뤄지나?
A 후계농의 도덕적 해이를 방지하기 위해 농지를 매도하여 사업목적 외로 사용한 경우에는 사업취소 및 대출금 회수원칙이 적용됩니다. 다만 융자금으로 구입한 농지를 매도했다 하더라도 다른 농지를 보유하여 영농이

가능한 상황이라면 사업취소 및 대출금을 회수할 경우 후계농업인력 손실이 우려되므로 이 경우에는 시·군이 영농이 가능하다고 판단한다면 부당 사용에 해당하는 대출금만 회수한다.

Q 후계농 확인서는 어디에서 발급받을 수 있나?

A 해당 시·군·구의 농정부서 또는 읍·면사무소에서 발급받을 수 있다. 그러나 해당 지자체의 업무 분장에 따라 발급처가 상이할 수 있으니 농정부서에 문의한 후 발급받는 것이 좋다. 사후관리 기간(지원자금 상환완료일)이 경과한 후계농도 발급요청일 현재 영농에 종사하고 있다면 확인서를 발급받을 수 있다.

Q 후계농으로 선정되었는데 창업을 하지 않으면 어떻게 되나?

A 후계농으로 선정된 후 2년 이내에 창업을 하지 않으면 후계농 선정이 취소되며, 향후 3년간 후계농 사업 신청 자격이 정지된다.

Q 융자금의 대출 취급기관은 어디인가?

A 원칙적으로 농협중앙회(지역조합 포함)에서 수행하고 있다. 대출 업무는 본점에서 총괄하나 실제 대출은 사업대상자의 편의를 고려해 지점(농협중앙회의 경우 경종은 농협, 축산은 축협에서 대출함을 원칙으로 하되 사업대상자가 희망할 경우 변경 가능) 등에서도 수행한다.

Q 사업 취소로 인한 융자금 상환은 어떻게 하나?

A 이 경우는 대출취급기관에서 정한 기한 내에 원리금을 일시 상환하여야 하며, 그 기한을 경과한 경우에는 기한 경과일로부터 연체 이자율이 적용된다.

Ⅳ. 기타사항

Q 영농종사지와 주민등록 주소지가 다를 경우 후계농 관리는 어디에서 하나?

A 이 경우에는 주민등록 주소지에서 후계농을 관리한다.

Q 후계농 선정기준 중 변화된 부분이 있나?

A 2012년부터는 농림수산식품교육문화정보원의 평가결과를 바탕으로 자체 기준에 따라 후계농을 선정하되, 평가점수 60점 미만인 자를 선정에서 제외하고 있다.

Q 후계농과 우수농업인경영인은 어떻게 다른가?

A 현재 영농에 종사하며, 후계농으로 선정된 후 5년이 경과한 농업인이라면 우수농업경영인 추가지원사업에 신청할 수 있다.

3. 꼭 챙겨야 할 농업 경영 · 정책 정보

농림수산식품부 www.mifaff.go.kr ☎ 02-2110-4000
- 농수산업의 경쟁력 향상과 농식품 산업의 육성을 위한 정책 기획 총괄 및 관련 정보 제공.
  클릭 한 번으로 사업의 성공을 도울 수 있는 다양한 경영·정책 정보를 제공. 산학연관 전문가가 개발한 평가지표를 토대로 경영역량, 의지, 성장잠재력 등을 공정하고 심도 있게 측정.

통합농업교육정보서비스 www.agriedu.net ☎ 031-460-8911
- 온·오프라인 농업교육 정보 제공, 교육 신청, 이수 실적, 교육 이력 관리를 종합 서비스하는 농업교육 포털사이트.

농림수산식품교육문화정보원 www.okdab.com ☎ 031-460-8888
- 농어가 경영에 도움을 주는 다양한 농어업 정보 제공.

농수산사업정보시스템 www.agrix.go.kr ☎ 1588-6830
- 농림사업 정책 종합정보 및 신청서식 서비스 등 제공.

지은이 소개

김대원 1982년에 후계농으로 선정되었고, 현재 서울시 서초구 원지동에서 가족과 함께 대원주말농장(www.daewonfarm.co.kr)을 운영하고 있다. 1981년 농촌진흥청 청장상, 1987년 대통령 국민포장, 1996년 서울시민 대상, 1999년 세계농업기술상 도시농업부문, 2005년 국무총리 표창, 2005년 대통령 산업포장 등을 수상했다.

전대경 2000년 후계농으로 선정되었고, 평택시 오성면에서 우렁이 농법과 무농약 재배로 벼농사를 지으며 '친환경쌀'을 재배하고 있다. 2005년 미듬영농조합법인을 설립해 현재 대표를 맡고 있으며, 단국대에서 농학 박사학위를 받았다. 2010년 고품질 쌀 유통부문 대통령 표창을 수상하였다.

문근식 2000년에 후계농에 선정되었고 현재 제주시 조천읍 삼양동에서 감귤과 레몬을 재배하며 e-제주영농조합법인의 대표로 일하고 있다. e-제주영농조합은 현재 제주도 비과실 상품의 50%를 수매하여 기업체에 납품하고, 직접 가공식품을 생산하고 있다.

조효익 2004년 후계농으로 선정되었고, 전라남도 보성군 벌교읍 장좌리에서 보성녹차배농원을 운영하고 있다. 2009년부터 보성녹차배영농조합법인 대표로 일하고 있으며, '녹차골 보성배'는 탑푸르트배 전국품평회에서 2년 연속으로 우수상을 수상했다.

이동욱 2002년 후계농으로 선정되었고 강원도 양구군 남면 대월리에서 야채달콤농장을 운영하고 있다. 한국농업대학 채소학과를 졸업하였고, 현재 양구군 친환경농업인연합회 사무국장으로 일하면서 양구 지역에 친환경농업을 보급하고 친환경농업 인프라를 조성하는 데 큰 역할을 하고 있다.

곽해묵 1995년 귀농하여 후계농으로 선정되었고, 현재 대구시 동구 미대동에서 한울농장과 한울친환경영농조합법인을 운영하고 있다. 2008년 농림수산식품부 채소 부문 신지식농업인으로 선정되었고 2011년 농림수산식품부 장관상 농업경영인 분야를 수상하였다.

김덕태 2001년에 후계농으로 선정되었고 강원도 삼척시 도계읍 신리에서 너와마을영농조합법인을 운영하고 있다. 김 대표는 2008년 삼척 우수농어업인 대상을 수상했으며, 너와마을영농조합법인은 현재 17농가가 2만 평의 면적에서 연간 30톤의 머루를 재배하고 있다. 머루와인인 '끌로 너와(Clo Neowa)'는 2007년 대한민국 1회 주류품평회 입선, 2008년 우수특산품 대상, 2009년 강원도 와인품평회 금상 등을 수상했다.

박종대 1994년 후계농으로 선정되었고 충청북도 충주시 신니면에서 중원난농원을 운영하고 있다. 충북대 원예학과를 졸업하고 충북대에서 석사와 박사과정을 마쳤다. 현재 5종의 난을 자체 개발했으며, 주로 심비디움, 호접란, 동양란을 육종배양, 재배하고 있다.

김경호 1999년 후계농으로 선정되었고 1991년부터 강원도 춘천시에 귀농하여 현재 사북면 고탄리에서 두메산골 한방더덕을 운영하고 있다. 현재 국내 더덕 생산의 5%, 더덕 종근(종자) 생산의 15%를 생산하는 더덕 전문생산농가이다. '두메산골 한방더덕'은 특품 20%, 상품 30%, 중품 40%, 하품 10%를 생산하며, 그중 70%는 직거래로, 30%는 도매상과 유통업체에 납품한다.

임두재 1997년에 후계농으로 선정되었고, 현재 대전시 유성구 원신흥동에서 버섯농장 '산들원'을 운영하고 있다. 대전시 버섯연구회 회장을 역임하며 양송이버섯, 아가리쿠스버섯 재배를 통해 2001년 '신지식 농업인상'을 수상했고, 2004년 '새농민 본상 친환경 산업포장'을 수여받았다.

정찬주 2000년 후계농으로 선정되었고 현재 경기도 시흥시 월곶동과 서산시 고봉면에서 월곶영농을 운영하고 있다. 한국농업대학 식량작물학과를 졸업하고 2012년 전공심화과정을 졸업하면서 농림수산식품부 장관상을 수상했다. 2008년에는 '제28회 농어촌청소년대상' 농촌진흥청장상을 수상했고, 현재 한국농업대학 현장교수이기도 하다.

이행도 영암매력한우 영농조합법인의 이양수 전 대표의 아들로 2004년 후계농에 선정되었고, 한국농수산대를 졸업하고 전라남도 영암군 영암읍 춘양리에서 황토목장을 운영하고 있다. 영암지역과 전남4-H회장을 역임하고 현재 한국4-H 중앙연합회 부회장을 맡고 있으며 2011년 제 31회 농어촌청소년 대상 농업부문 대상(대통령상)을 수상하였다.

백석환 1981년 후계농으로 선정되었고, 현재 대전시 유성구 신동에서 아내와 함께 석청농장을 운영하고 있다. 1983년 새마을 훈장, 2002년 '새농민상', 2006년 농업 신지식인으로 뽑혔으며, 2011년 대한민국 최고농업기술 한우명인 1호로 선정되었다.

임두빈 1993년 후계농으로 선정되었고 현재 경기도 포천시 관인면 냉정리에서 '봉화산 농장'을 운영하고 있다. 수도작, 한우(110두), 조경수(소나무/주목 7,000주)를 영농하며, 특히 구제역 사태 때 관인면 공동방제단장을 맡아서 성공적인 방역활동을 펼쳤다. 관인면 농업경영인연합회 회장을 역임하였고, 관인면 의용소방대장으로 활동 중이다.

윤정수 2003년 후계농으로 선정되었고 한국농수산대 채소학과를 졸업하였다. 졸업 후 줄곧 경상남도 창녕군 대지면 용소리에서 우포파프리카농장을 운영하며, 우포파프리카영농조합으로도 활동하고 있다. 2011년, 경상남도가 수여하는 '제17회 자랑스러운 농어업인상'을 수상하였다.

부자농부 : 전원생활을 즐기며 부자로 사는 법
민승규 지음 | 12,000원

'농업에 경영, 마케팅, 문화를 접목하자'는 새바람을 일으키면서 스타농부들을 키워내고 있는 '한국벤처농업대학'의 민승규 박사의 『부자농부』. 도시 생활을 과감히 접고 내려가 새 삶을 연 사람들, 기존에 짓고 있던 농사 방식을 뒤집고 생각을 전환해 큰 성공을 거둔 사람들 등 성공한 부자농부들의 이야기.

일을 했으면 성과를 내라
류랑도 지음 | 14,000원

성과의 핵심은 오로지 자신의 역량뿐! 이 책은 누구도 세세히 일러주지 않은 일의 전략과 방법론을 알려줌으로써, 어디서든 '일 잘하는 사람, 성과를 기대해도 좋은 사람'이란 평가를 받게끔 이끌어준다.(추천 : 일에 익숙하지 않은 사회초년생과 그들을 코칭하는 리더, 그리고 현재의 역량을 배가하고자 하는 모든 직장인들을 위한 책)

인생에 변명하지 마라
이영석 지음 | 14,000원

쥐뿔도 없이 시작했지만, 절박함 하나로 대한민국 야채가게를 제패한 '총각네 야채가게' 이영석 대표. '가난하게 태어난 건 죄가 아니지만 가난하게 사는 건 죄다, 똥개로 태어나도 진돗개처럼 살아라, 성공하고 싶다면 먼저 대가를 치러라…' 비록 맨주먹이지만 빌빌대며 살지 않겠다고 다짐한 이들에게 바치는 성공 마인드를 담았다.

이기는 습관 1·2
1편 동사형 조직으로 거듭나라 | 전옥표 지음 | 12,000원
2편 평균의 함정을 뛰어넘어라 | 김진동 지음 | 12,000원

'총알 같은 실행력과 귀신같은 전략'으로 뭉친 1등 조직의 비결과 실천적인 지침을 담았다. 1편에서 고객 중심의 실행력과 조직력을 설명했다면, 2편에서는 원칙과 기본기에 충실히 임하여 이기는 기업으로 우뚝 설 수 있는 방법을 제시한다.

에너지버스 1·2
1편 : 존 고든 지음 | 유영만, 이수경 옮김 | 10,000원
2편 : 존 고든 지음 | 최정임 옮김 | 2,000원

60만 독자들의 열광! 1편은 '에너지 뱀파이어'로부터 자신을 보호하고 열정 에너지를 주위에 전파시키는 법을, 2편은 '불평불만'과 결별하고 긍정 에너지를 발산하는 방법을 알려준다.(추천 : 열정과 에너지 넘치는 삶과 일을 위한 탁월한 가이드)

함께 보면 좋은 책들

혼·창·통 : 당신은 이 셋을 가졌는가?
이지훈 지음 | 14,000원

세계 최고의 경영대가, CEO들이 말하는 성공의 3가지 道, '혼(魂), 창(創), 통(通)'! 조선일보 위클리비즈 편집장이자 경제학 박사인 저자가 3년간의 심층 취재를 토대로, 대가들의 황금 같은 메시지, 살아 펼떡이는 사례를 본인의 식견과 통찰력으로 풀어났다.(추천 : 삶과 조직 경영에 있어 근원적인 해법을 찾는 모든 사람)

일본전산 이야기
김성호 지음 | 13,000원

장기 불황 속 10배 성장, 손대는 분야마다 세계 1위에 오른 '일본전산'의 성공비결. 기본기부터 생각, 실행패턴까지 모조리 바꾼 위기극복 노하우와 교토식 경영, 배와 절반의 법칙 등 '일본전산'의 생생한 현장 스토리가 우리들 가슴에 다시금 불을 지핀다.(추천 : 감동적인 일화로 '사람 경영'과 '일 경영'을 배운다.)

모든 비즈니스는 브랜딩이다
홍성태 지음 | 18,000원

브랜딩은 더 이상 마케팅의 전유물이 아니다! 이 책은 살아남은 브랜드와 잊혀져가는 브랜드의 사례를 토대로, 브랜드 컨셉을 어떻게 기업의 문화로, 가치로 녹여낼 수 있는지를 쉽고 친근하게 설명한다. 브랜딩이 단순히 마케팅 기법이 아니라 경영의 핵심임을 일깨워주는 책.(추천 : 마케팅 담당자뿐 아니라 모든 부서의 직원들을 위한 책)

멈추면, 비로소 보이는 것들
혜민 지음 | 우창헌 그림 | 14,000원

관계에 대해, 사랑에 대해, 인생과 희망에 대해… '영혼의 멘토, 청춘의 도반' 혜민 스님의 마음 매뉴얼! 하버드 재학 중 출가하여 승려이자 미국 대학교수라는 특별한 인생을 사는 혜민 스님. 수십만 트위터리안들이 먼저 읽고 감동한 혜민 스님의 인생 잠언!(추천: 쫓기는 듯한 삶에 지친 이들에게 위안과 격려를 주는 책)

아프니까 청춘이다
김난도 지음 | 14,000원

180만 청춘을 위로하다! 이 시대 최고의 멘토, 김난도 교수의 인생 강의실! 저자는 이 책에서 불안하고 아픈 청춘들에게 따뜻한 위로의 글, 따끔한 죽비 같은 글을 전한다. 스스로를 돌아보고, 추스르고, 다시 시작하게 하는 멘토링 에세이집.(추천: 인생 앞에 홀로서기를 시작하는 청춘을 응원하는 책)

STAR FARM